Ausmalen und gestalten™
TIERE
Die ethnische Sammlung
Vol 1.

Inhaltsverzeichnis

Testseite für Ihre Stifte

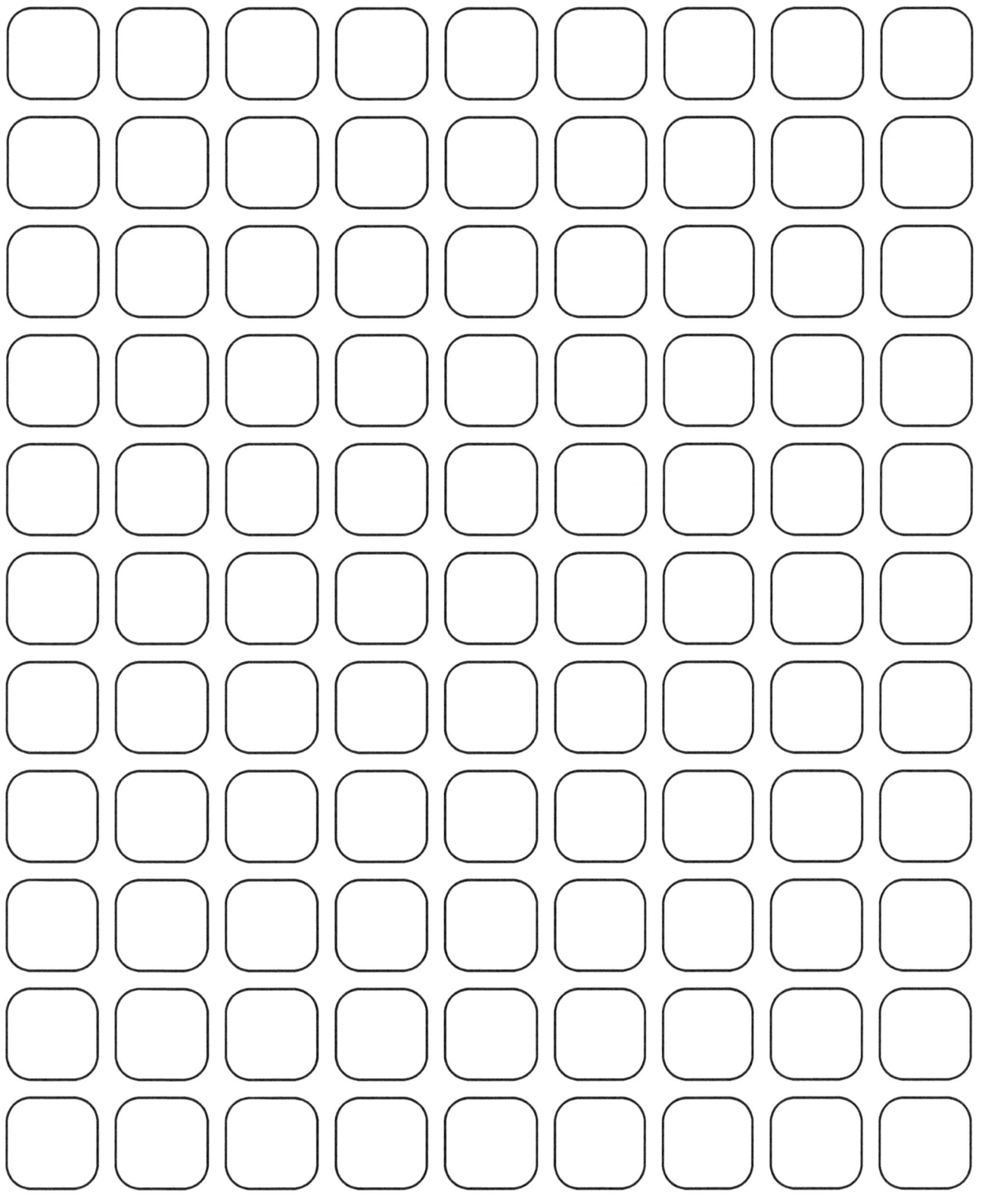

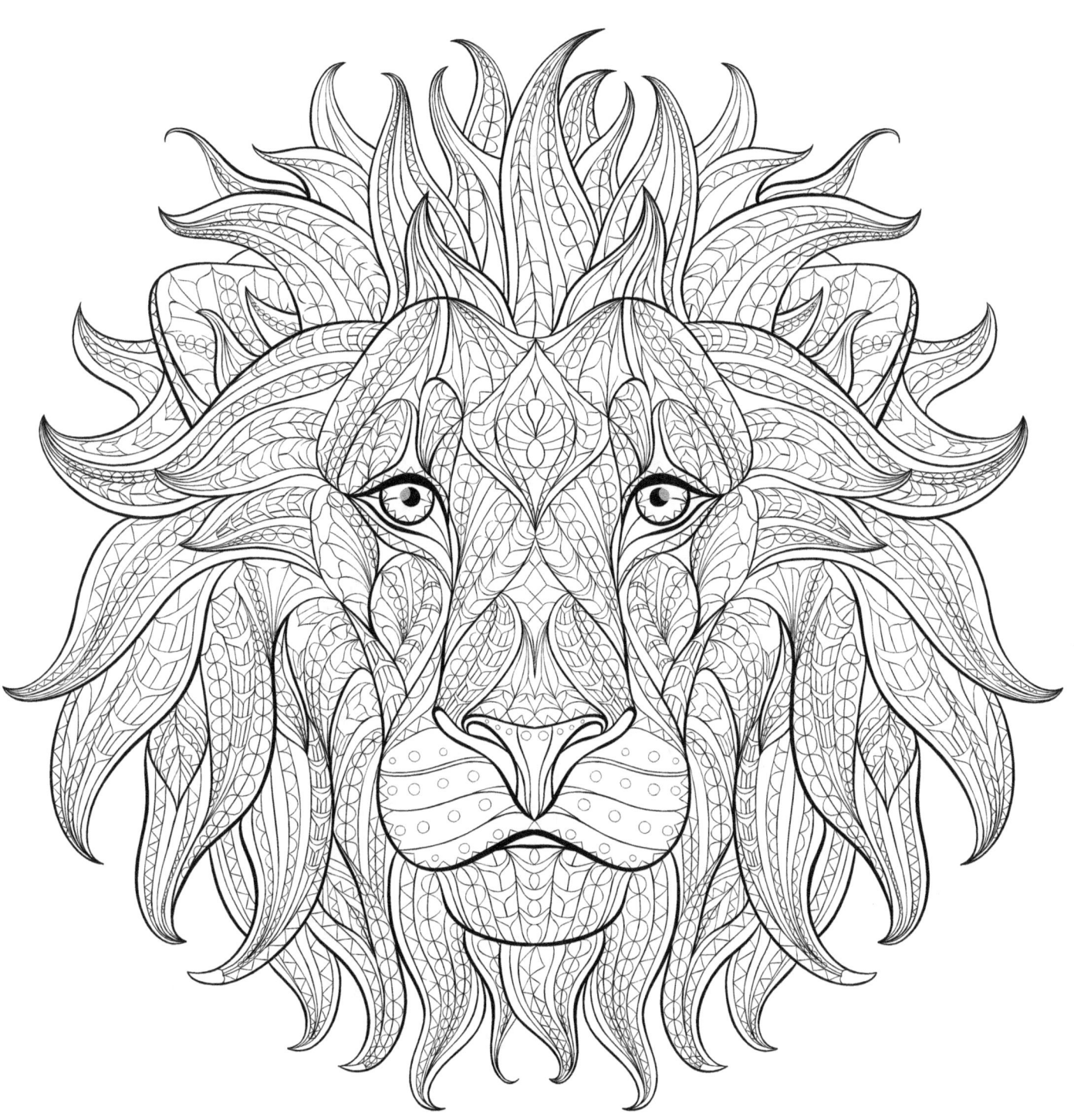

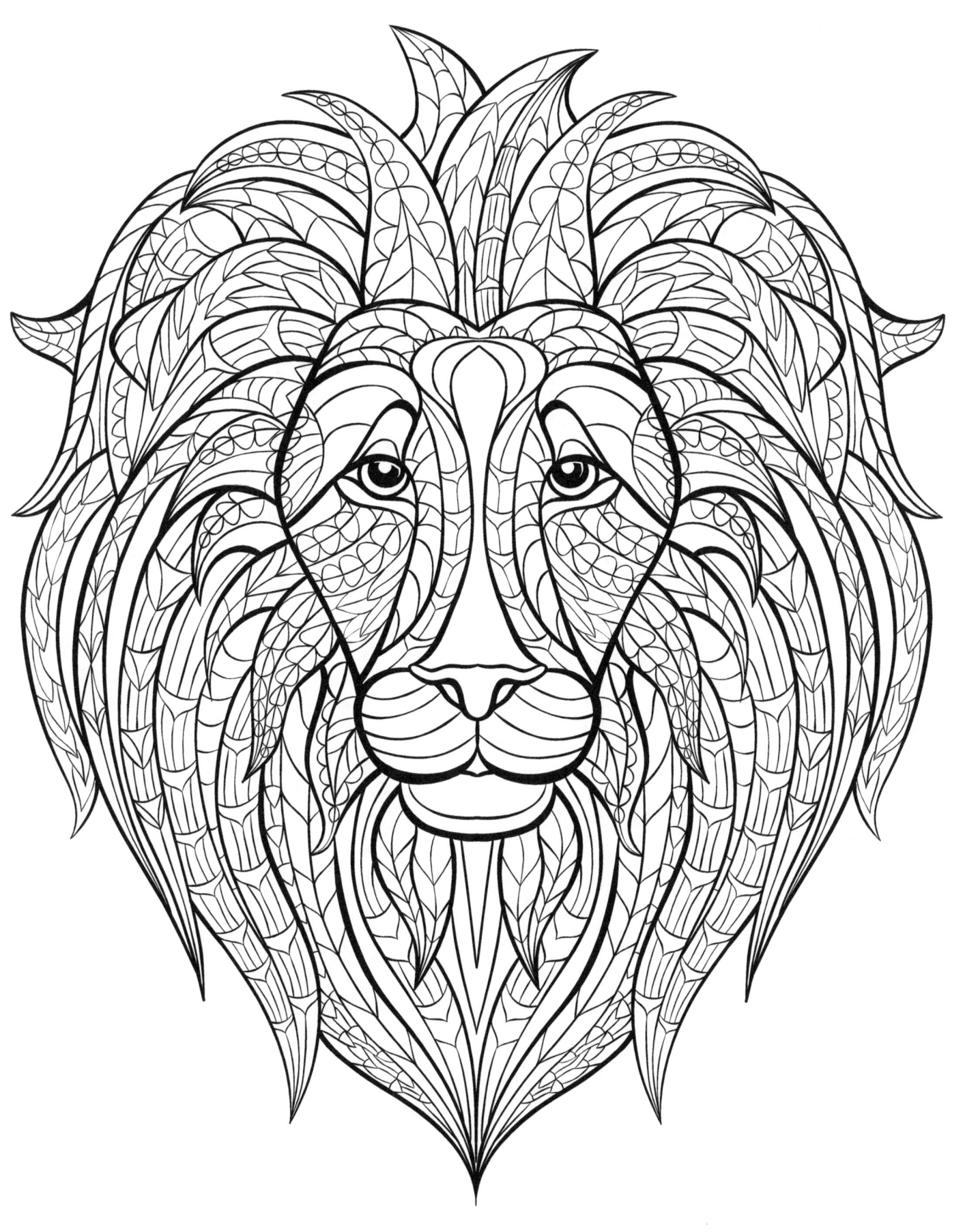

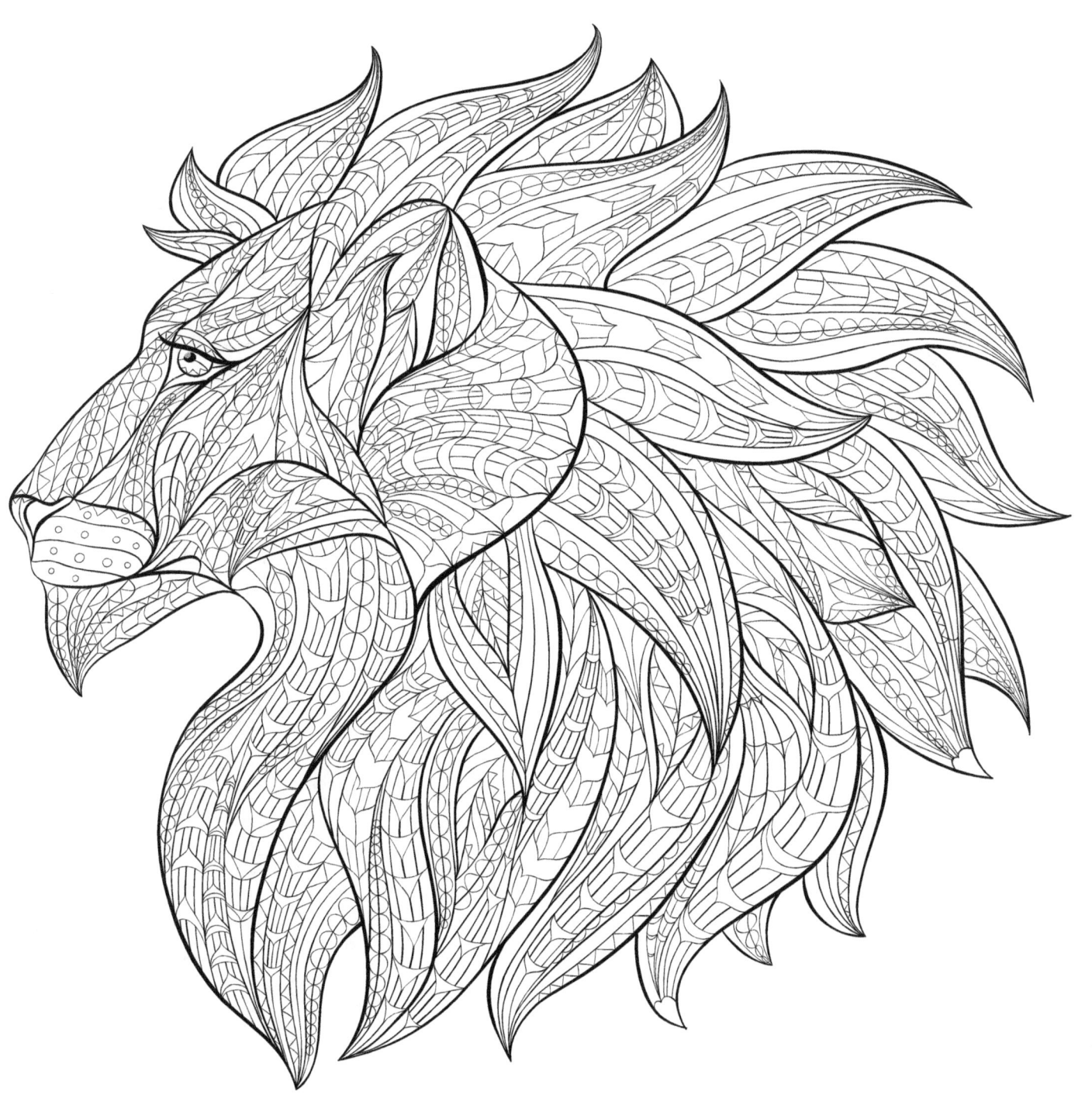

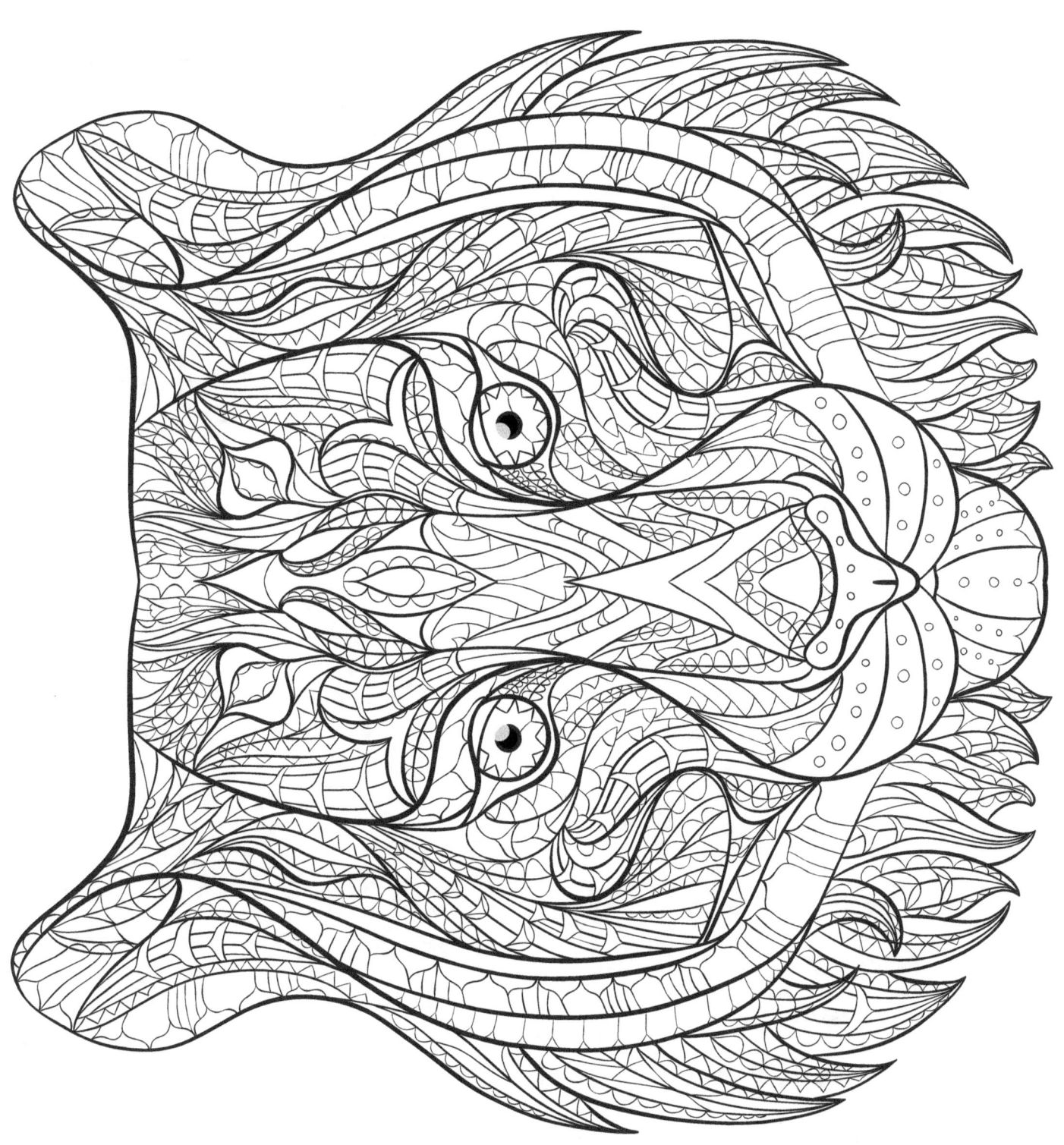

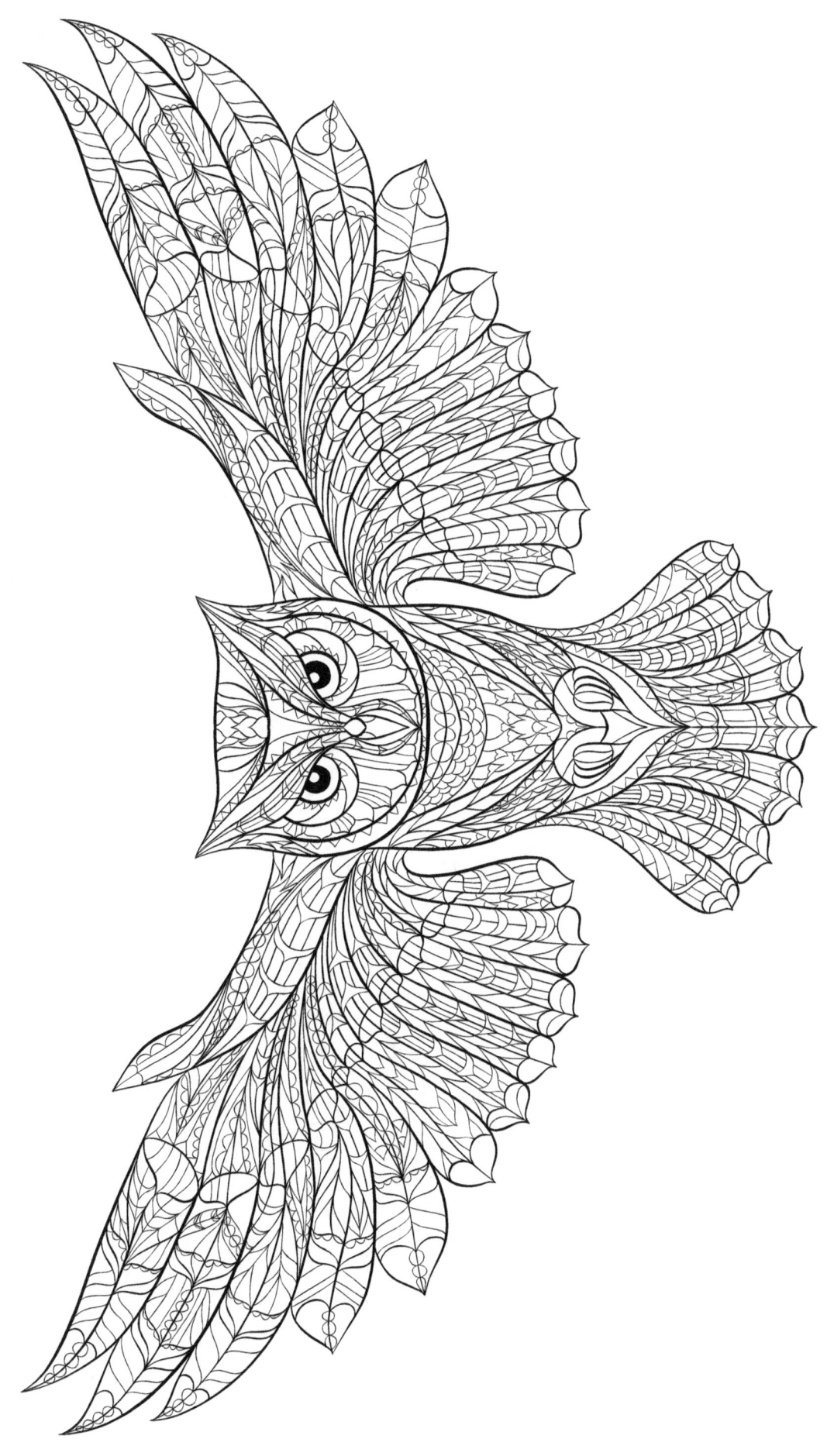

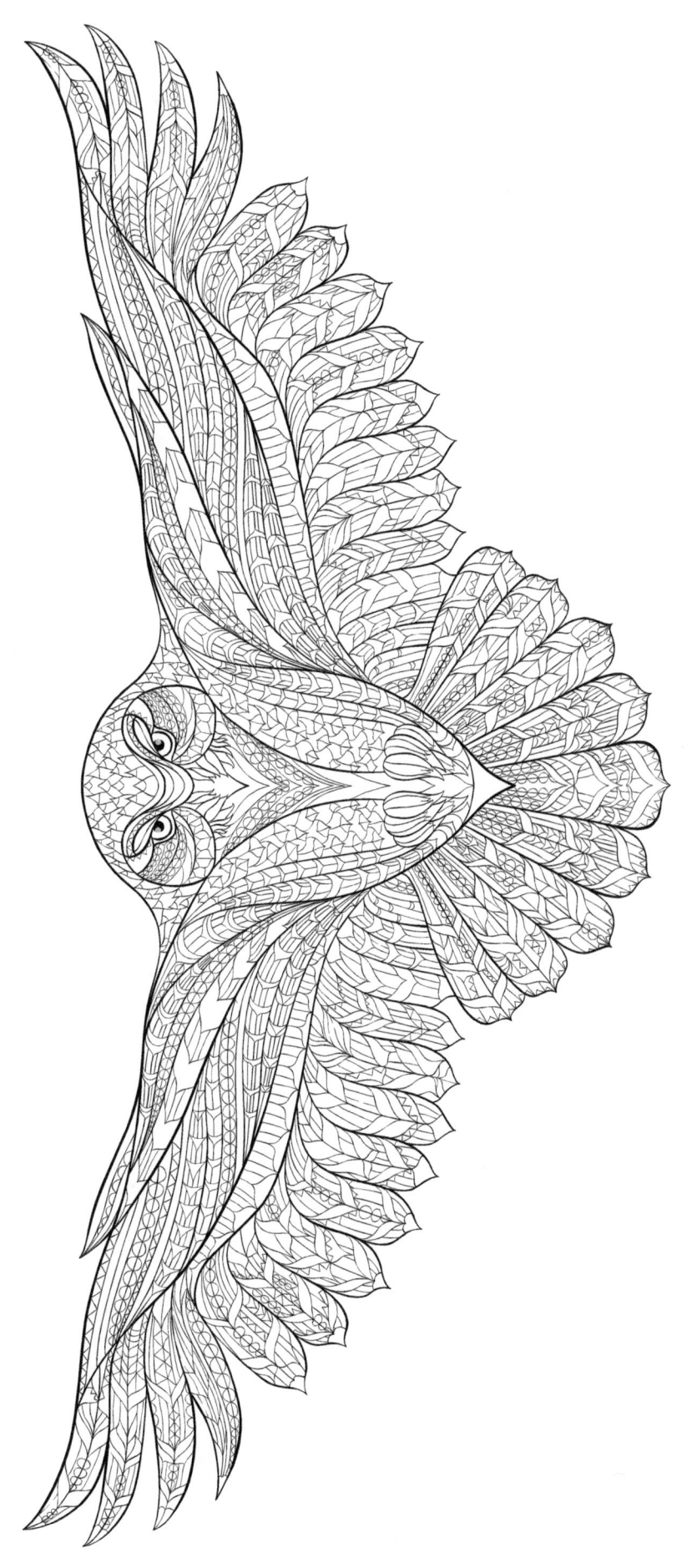

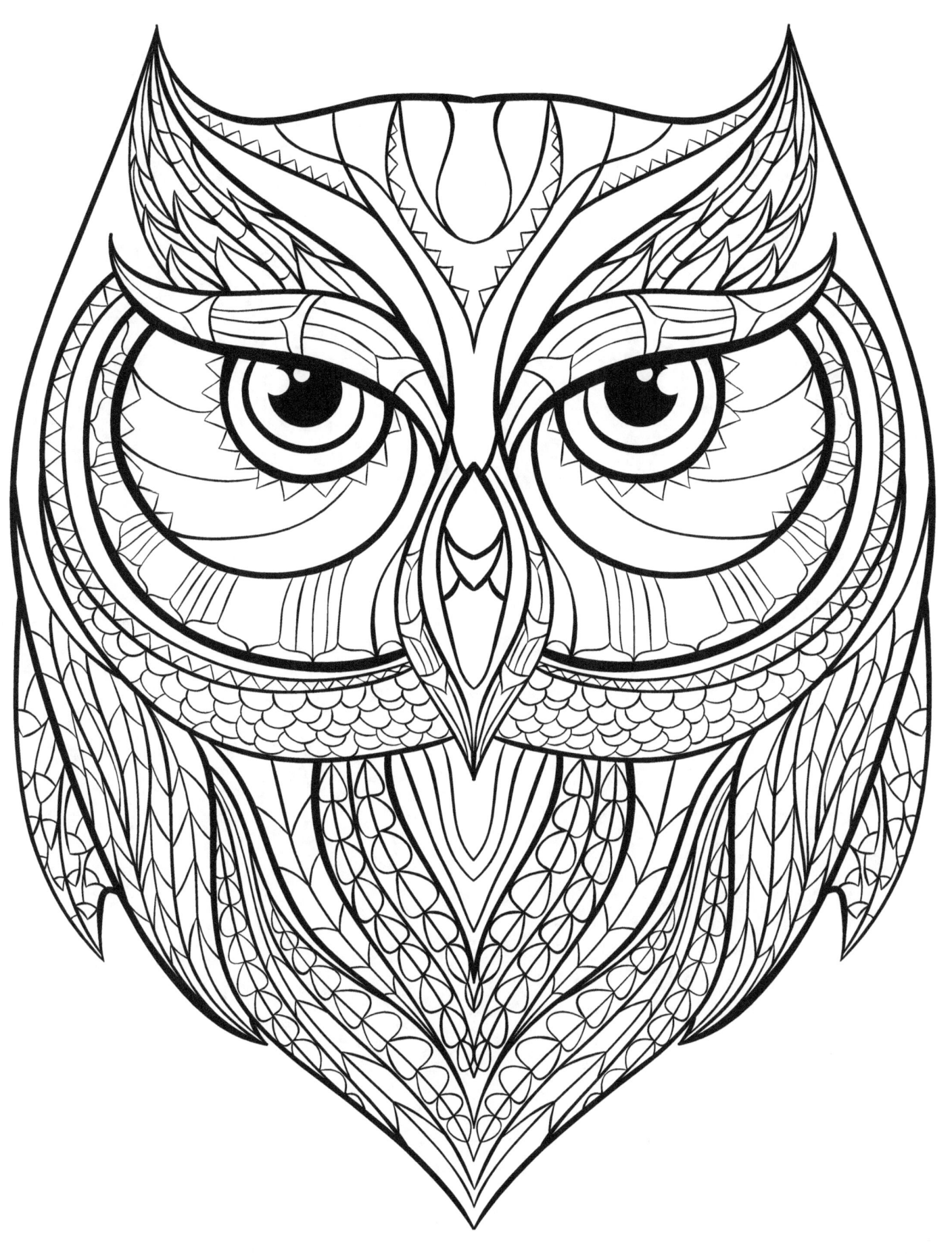

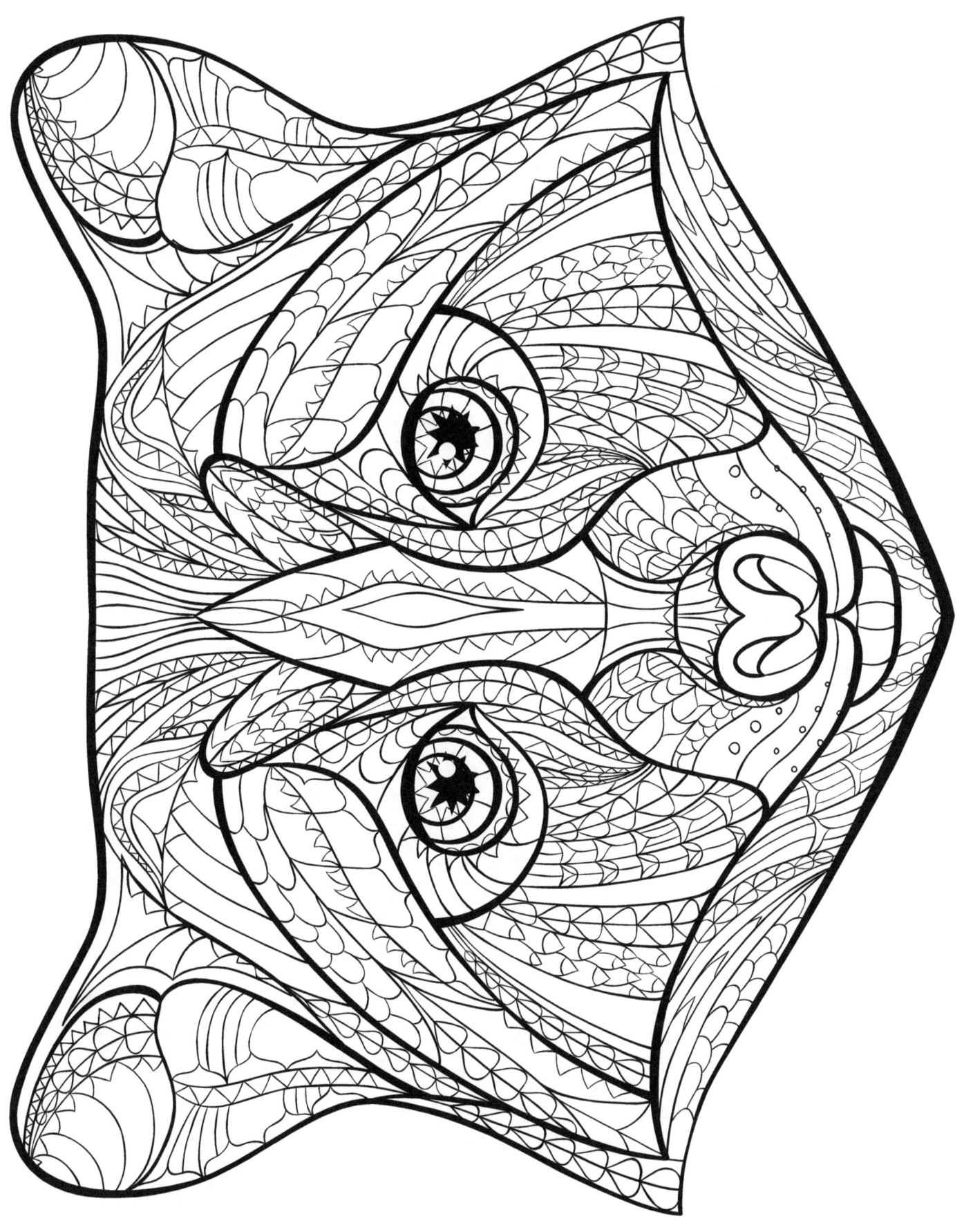

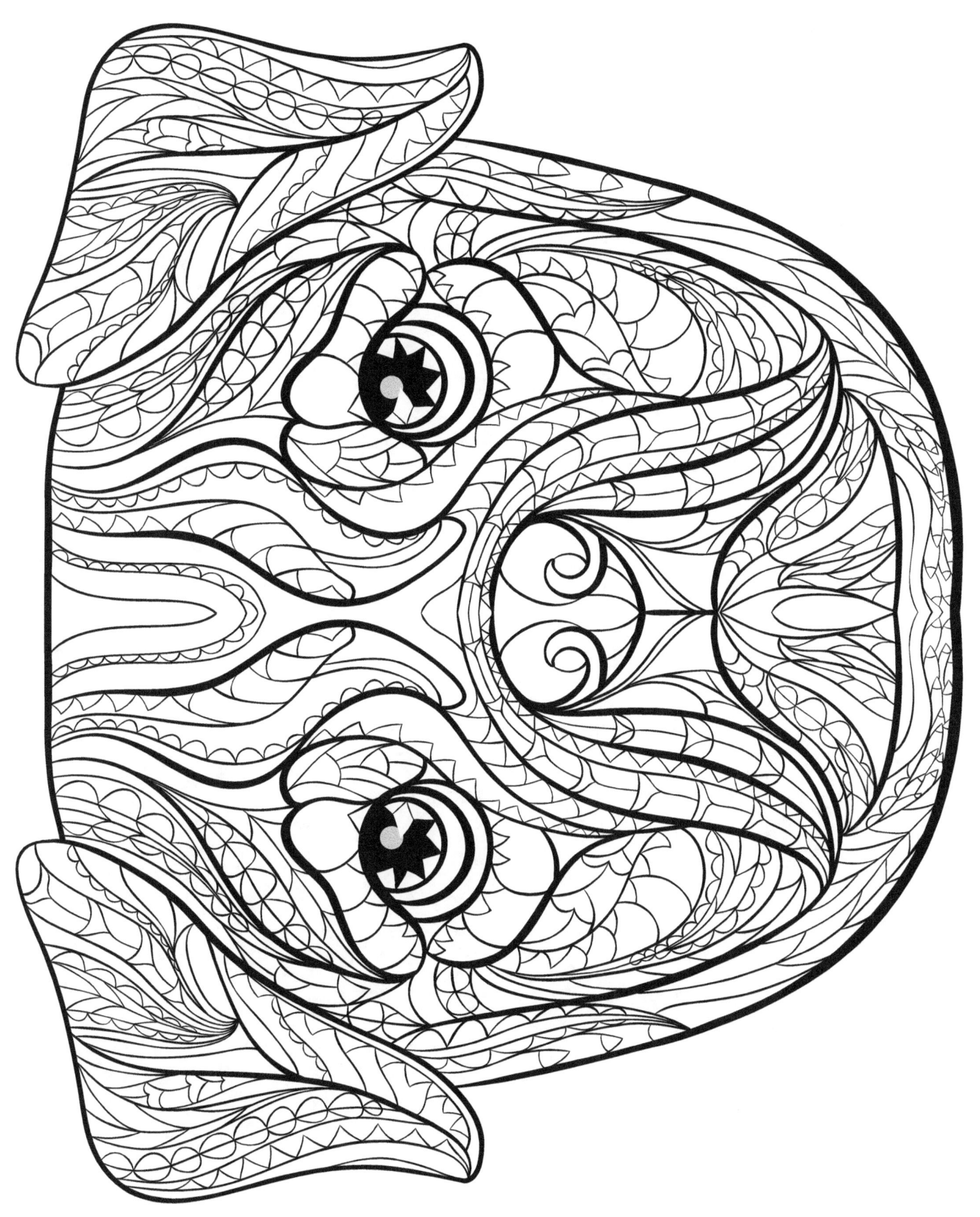

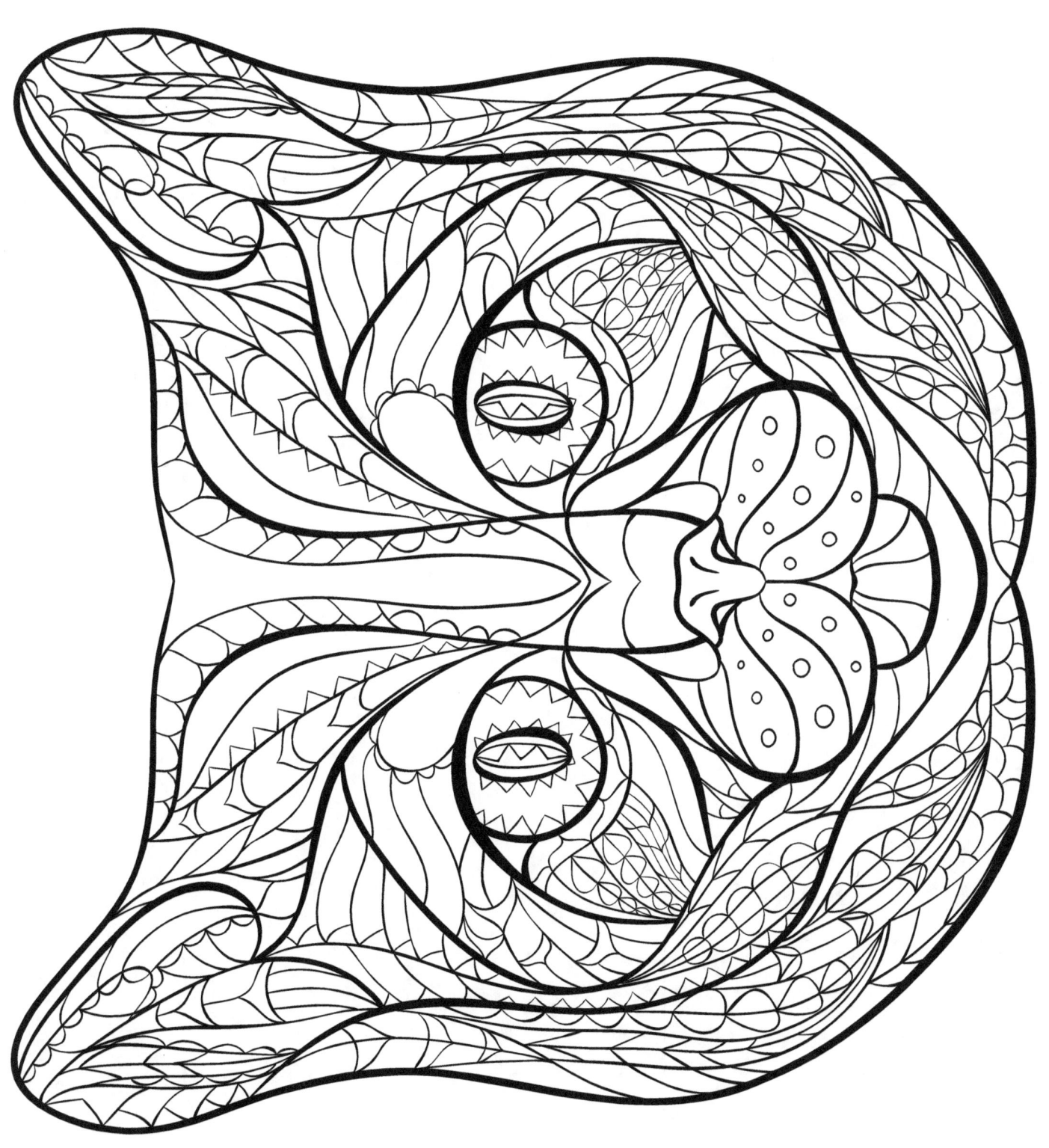

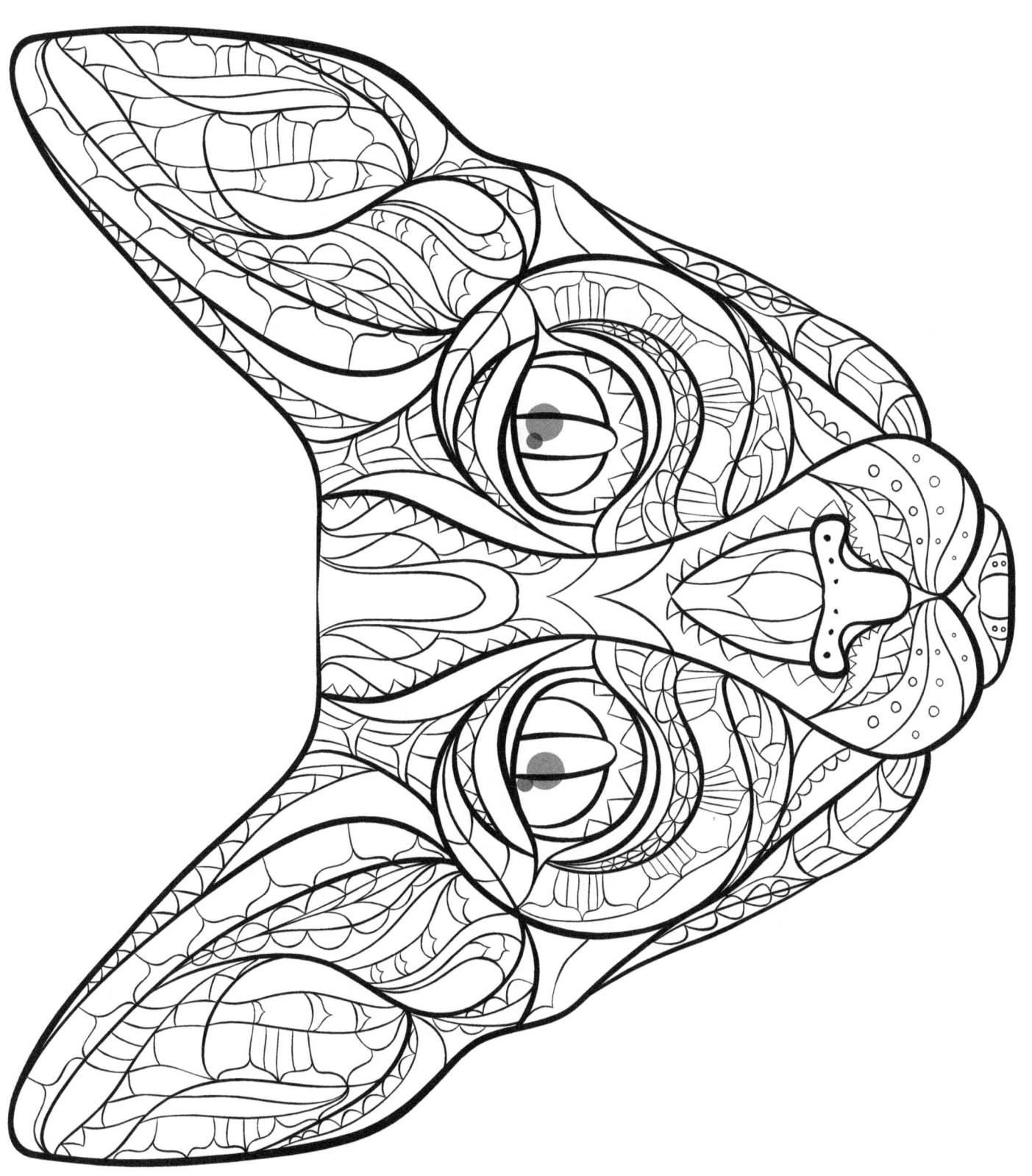

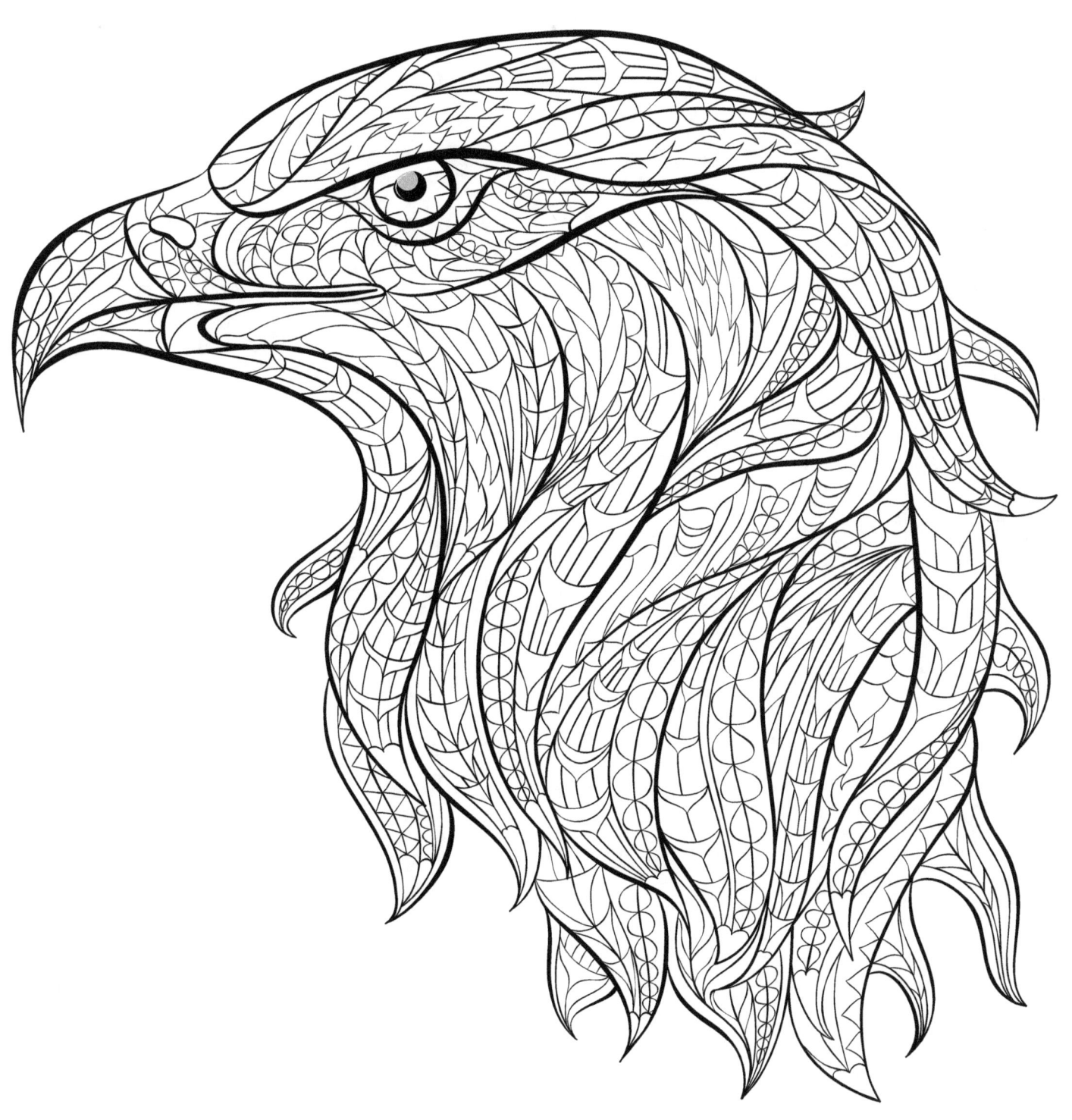

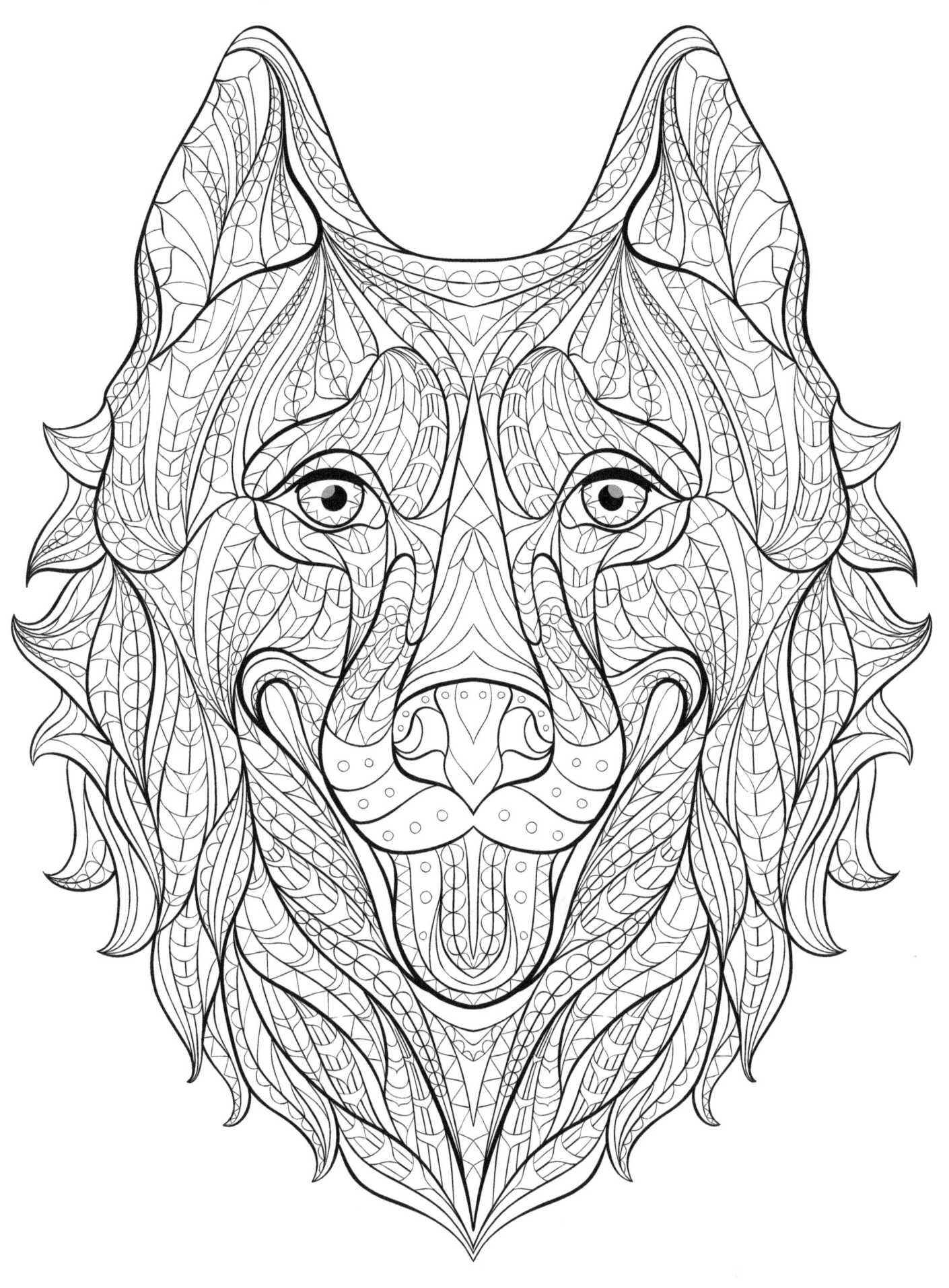

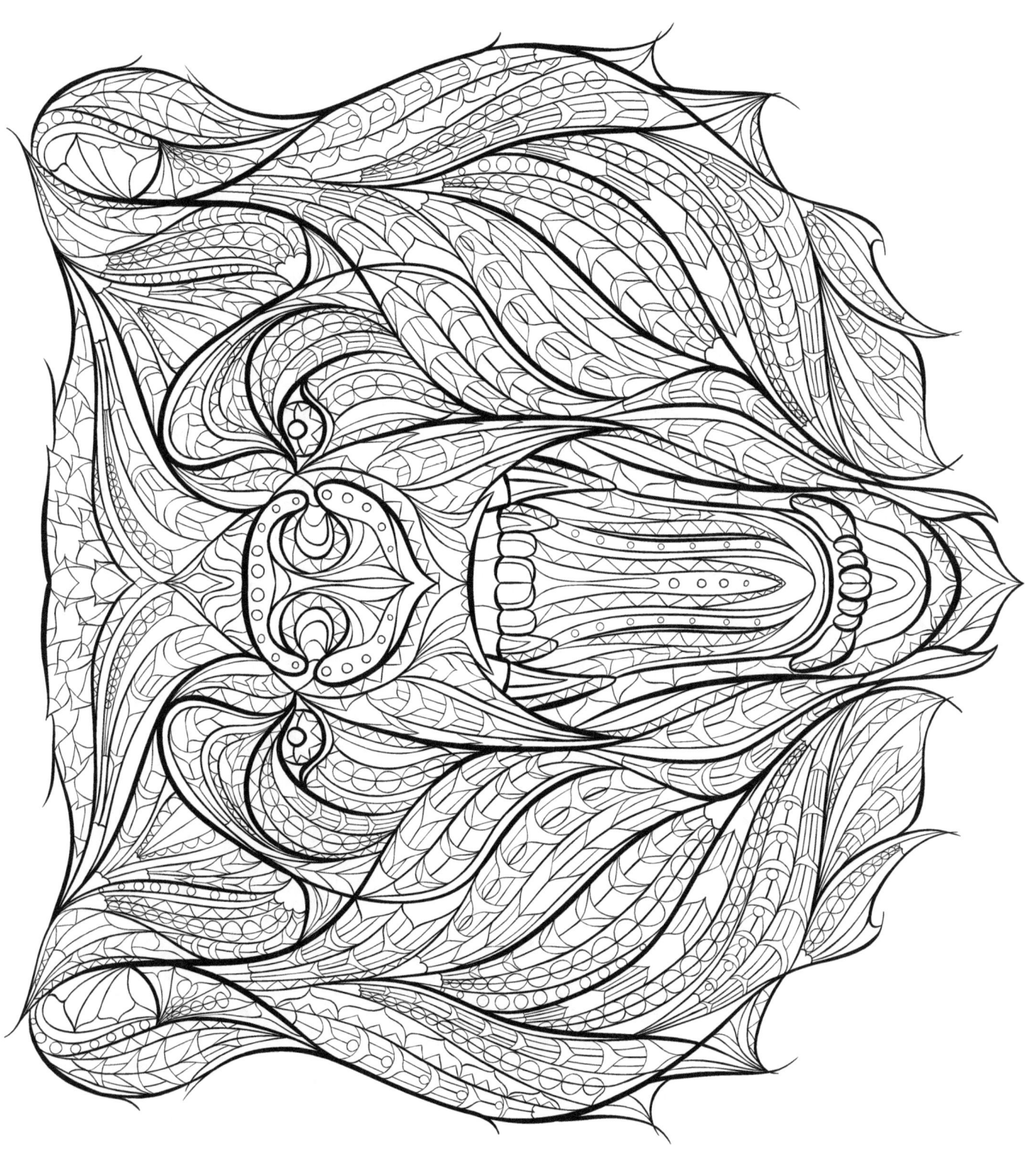

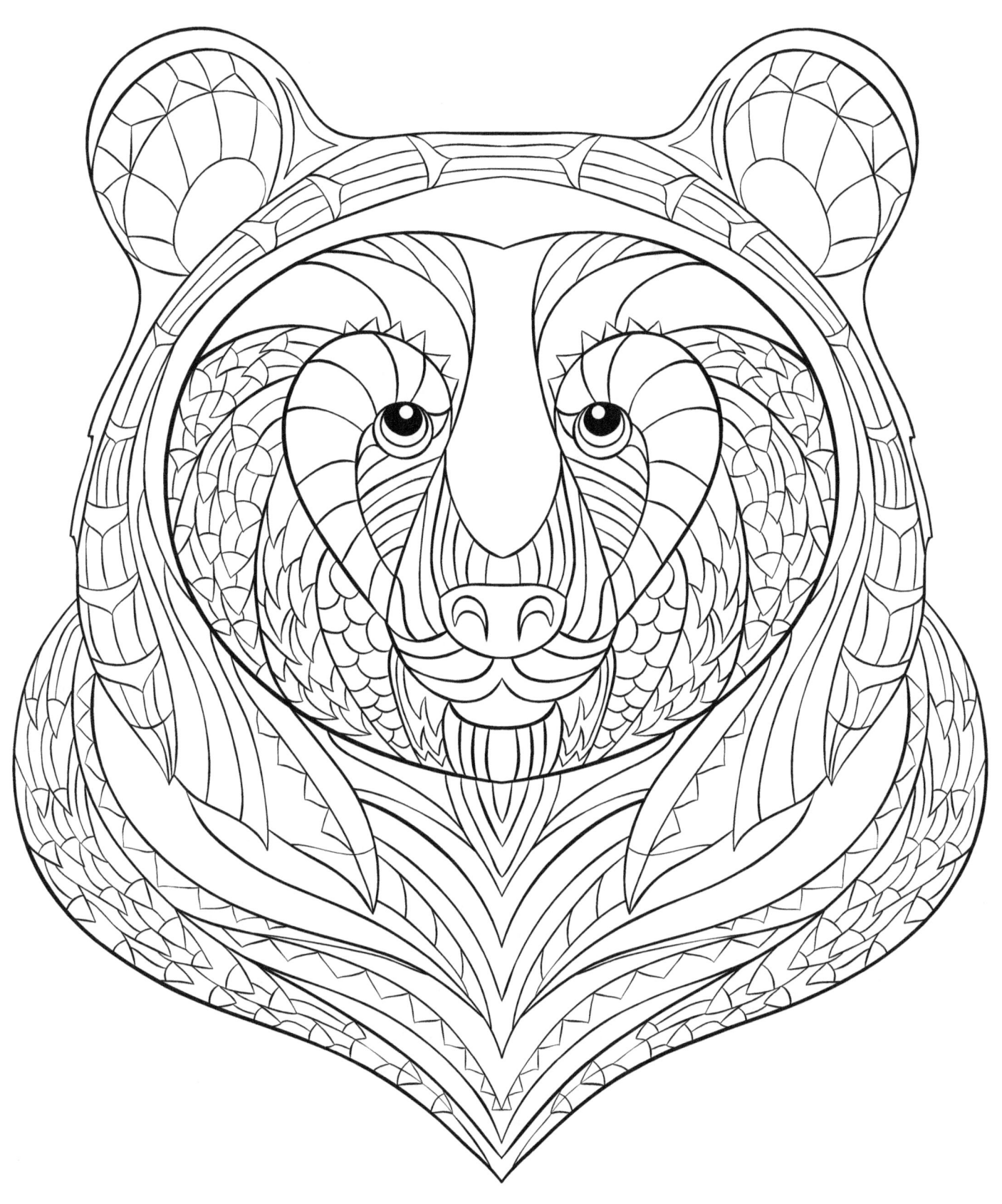

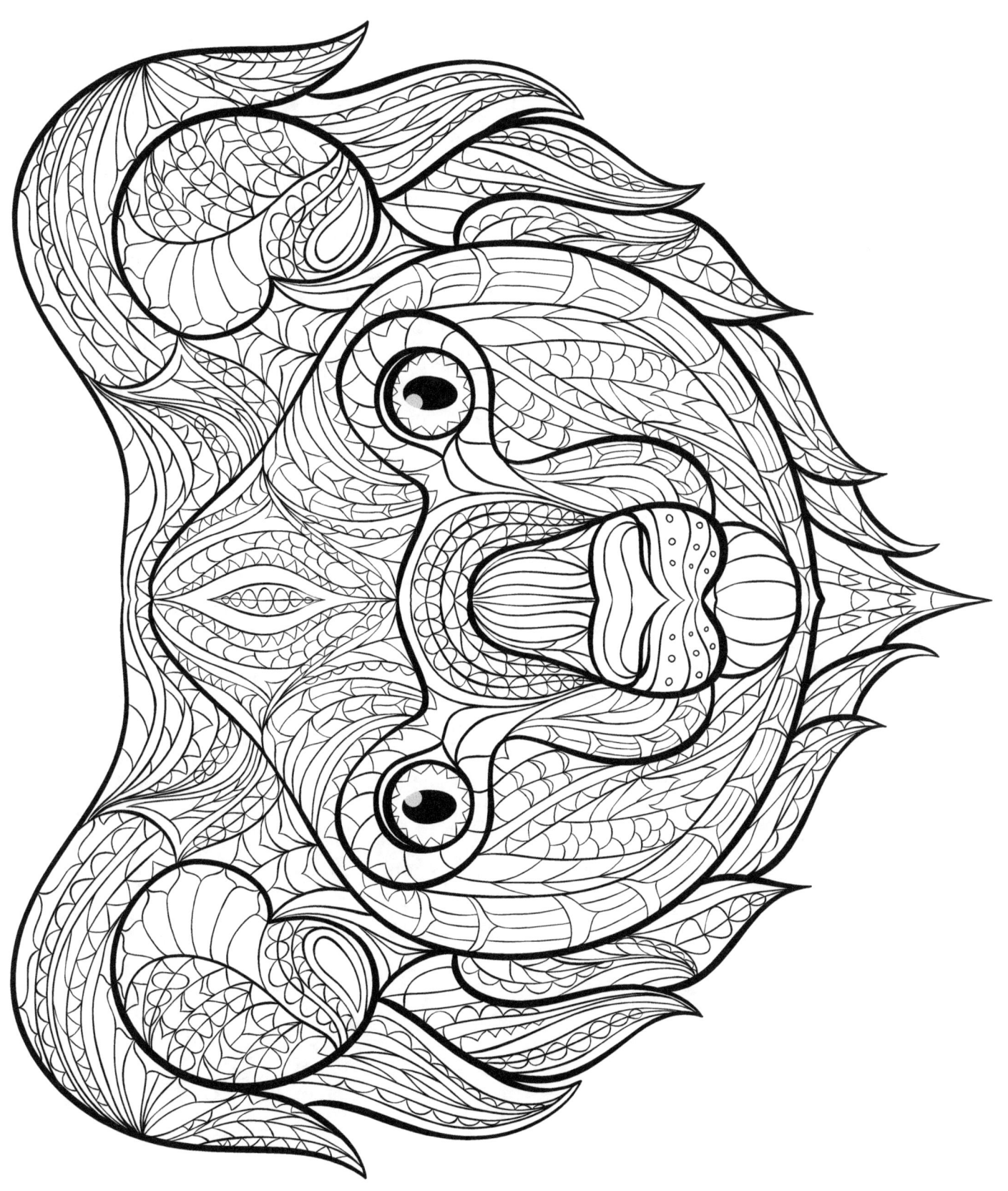

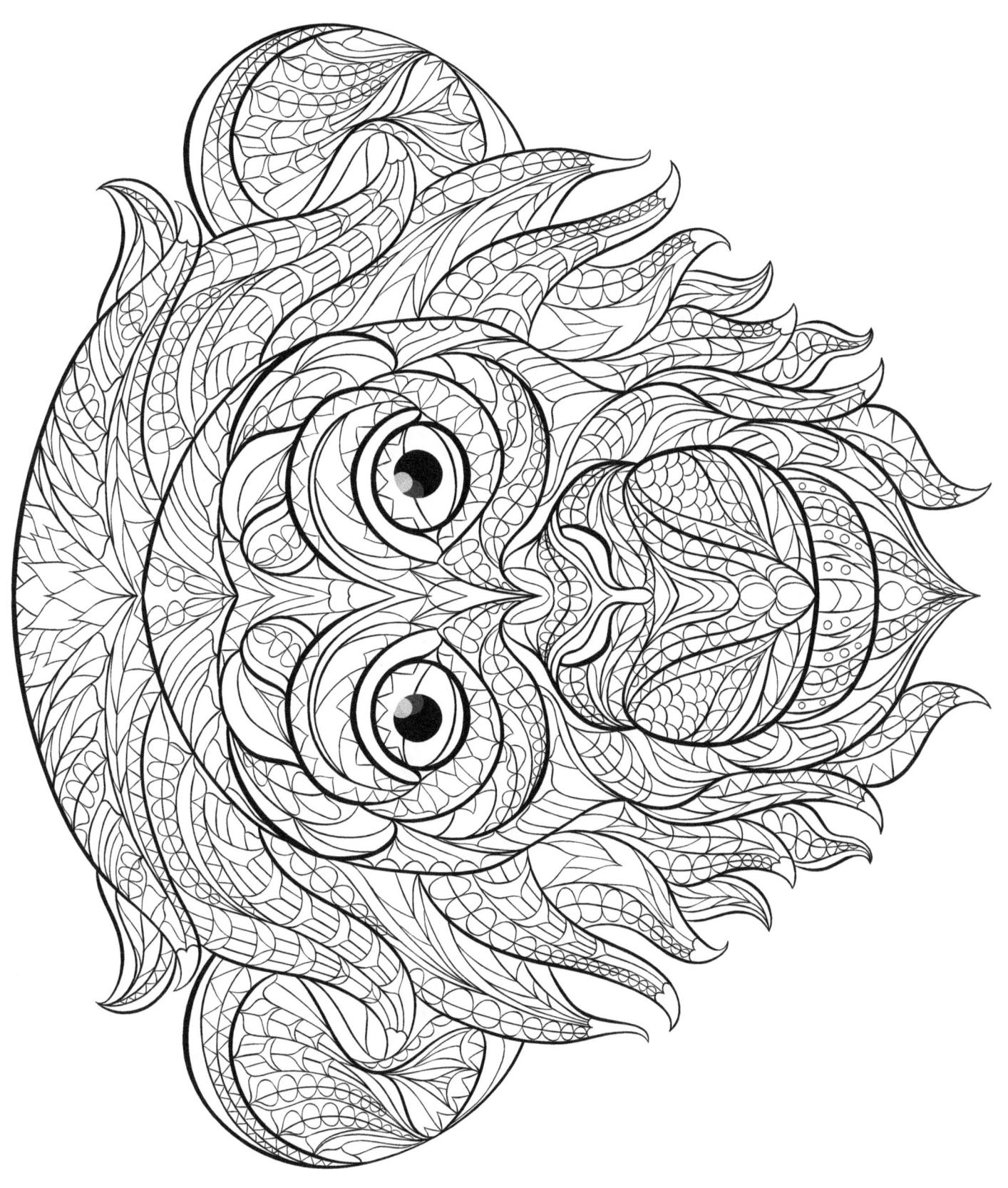

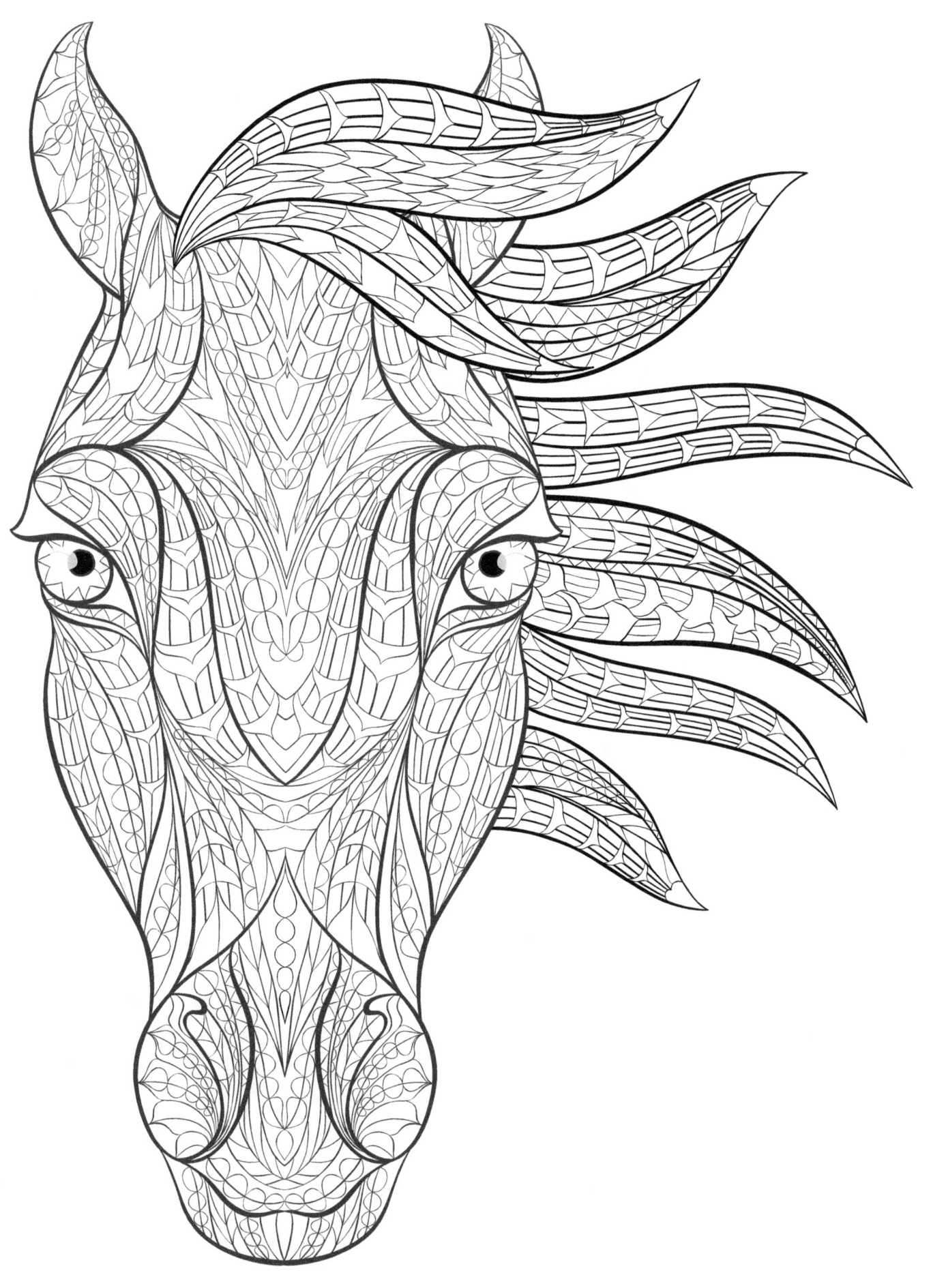

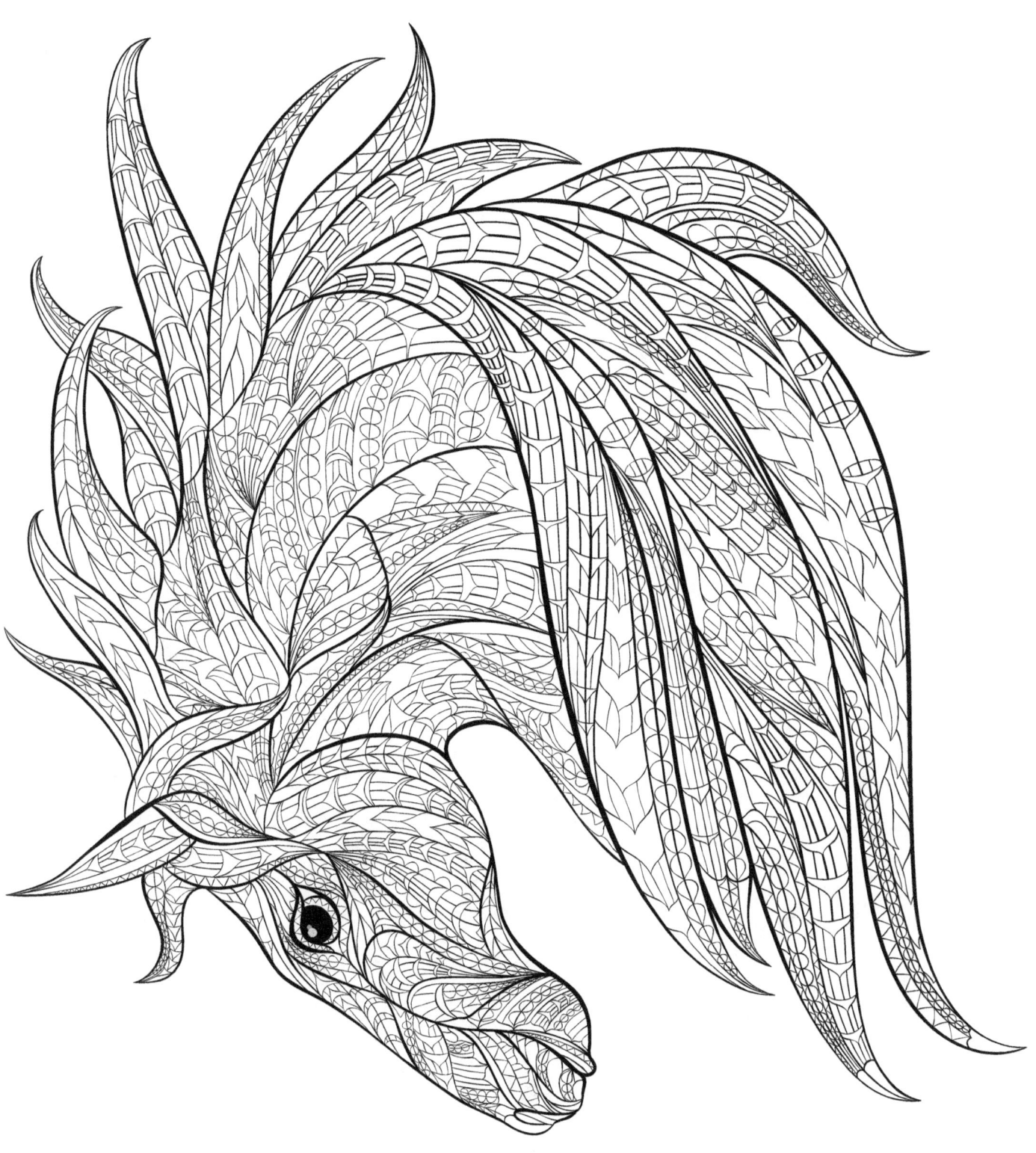

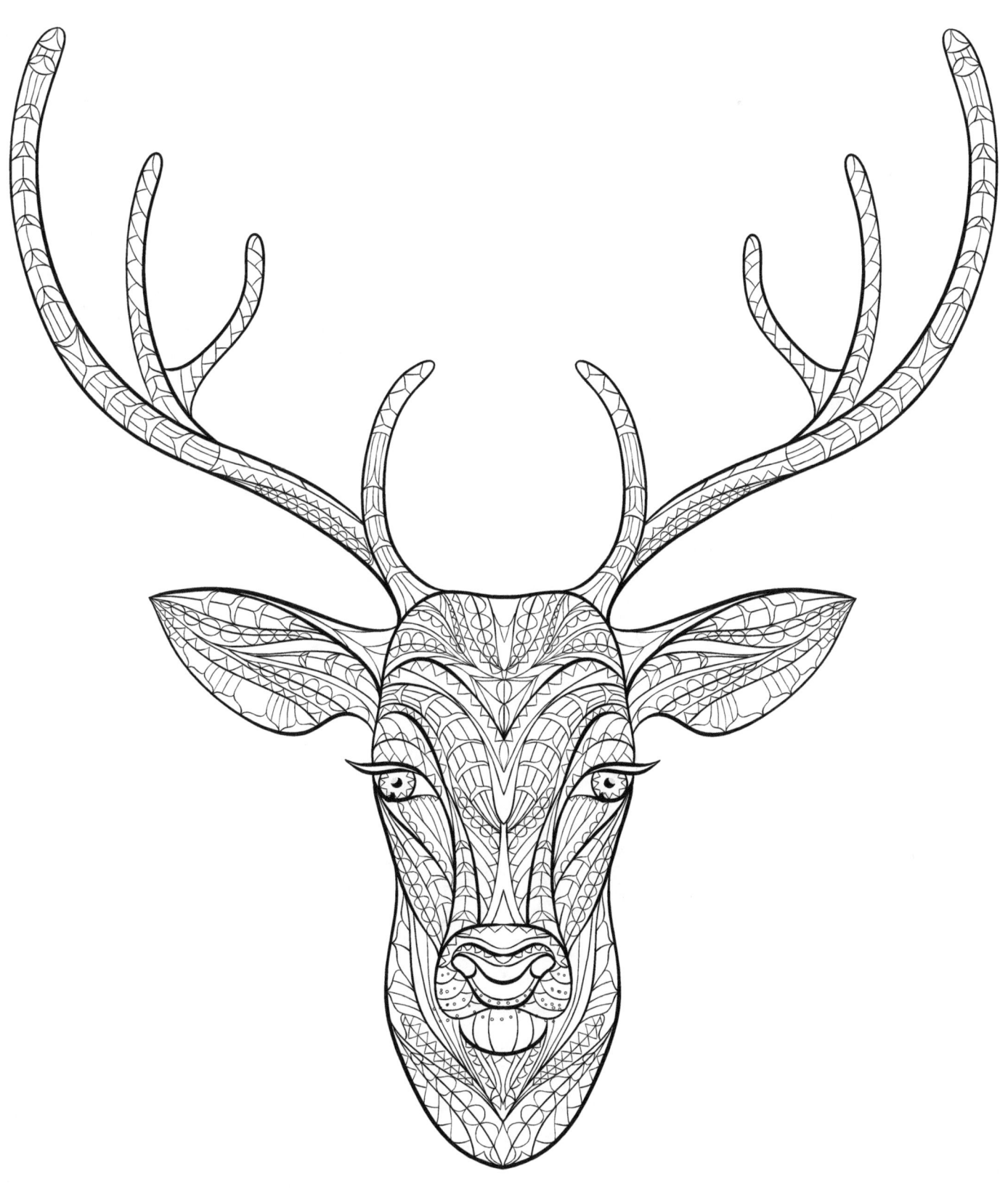

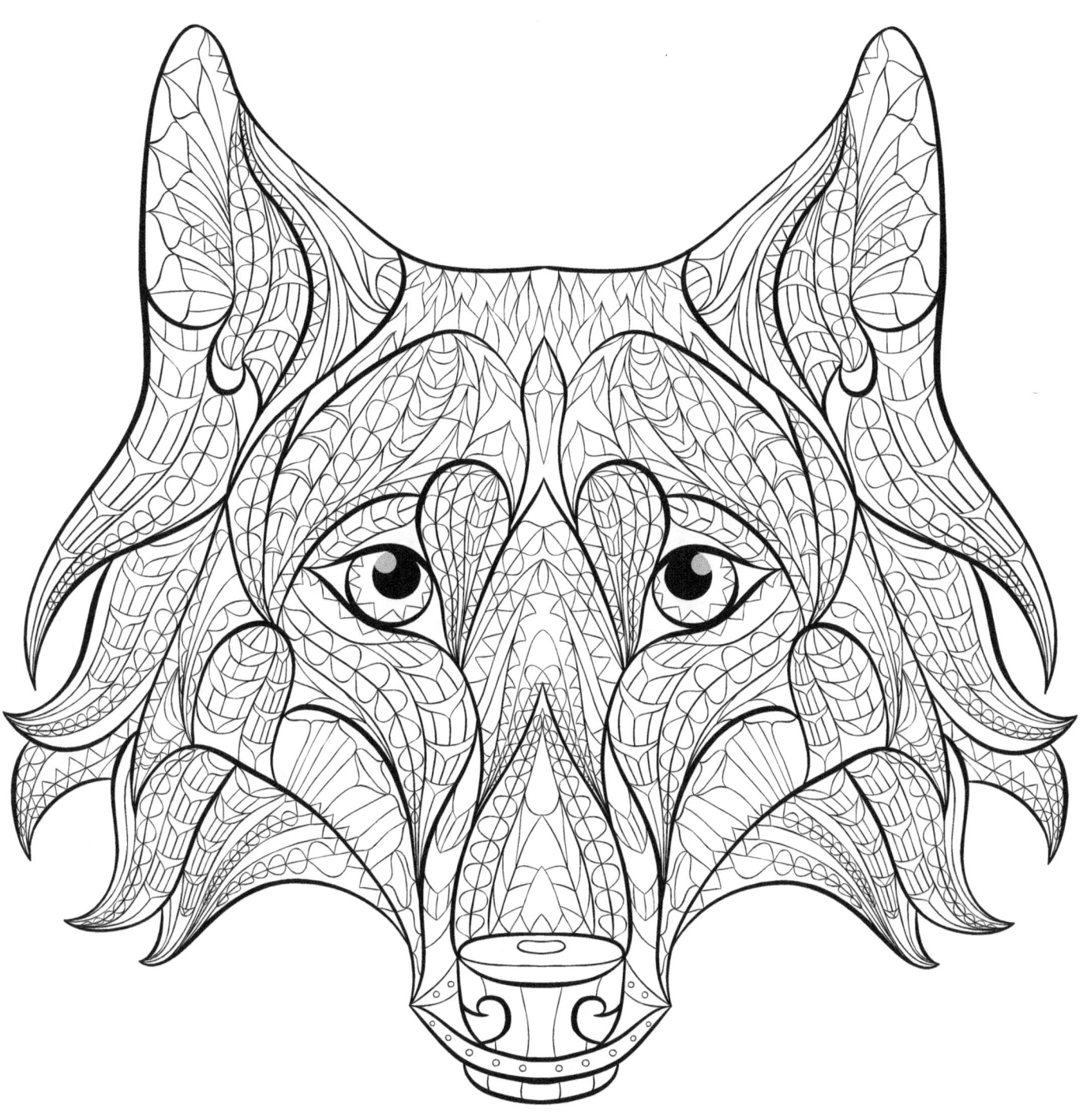

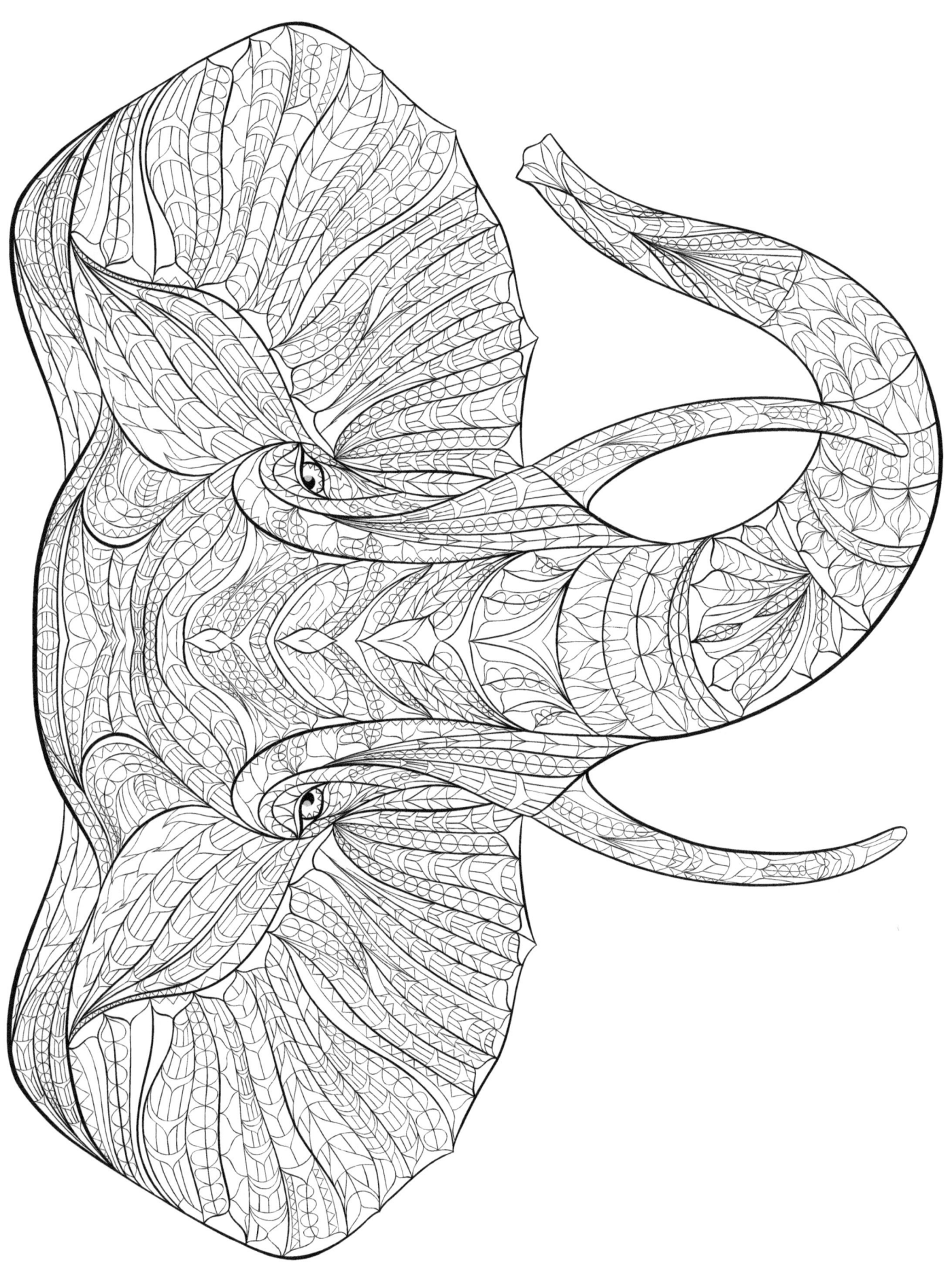

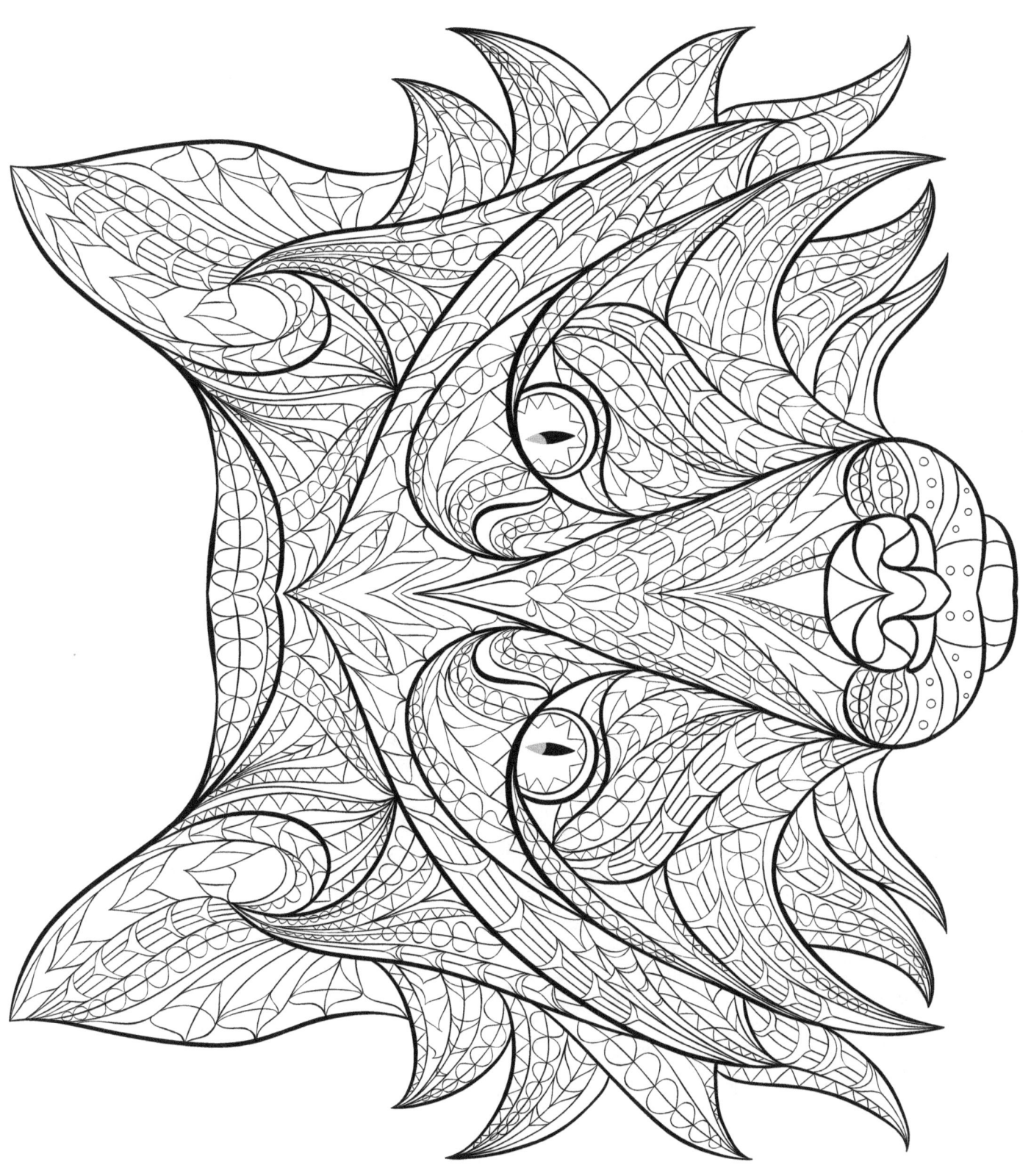

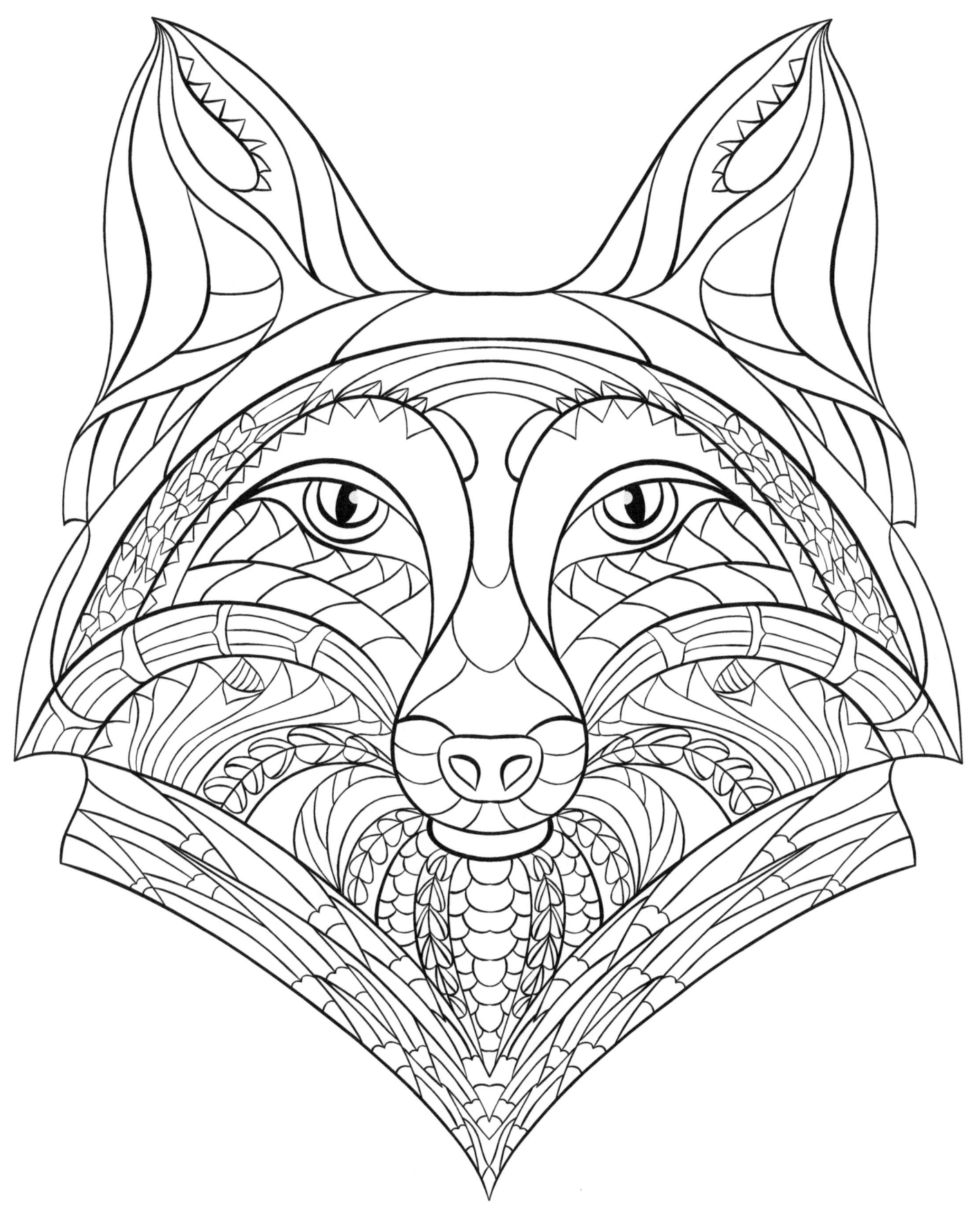

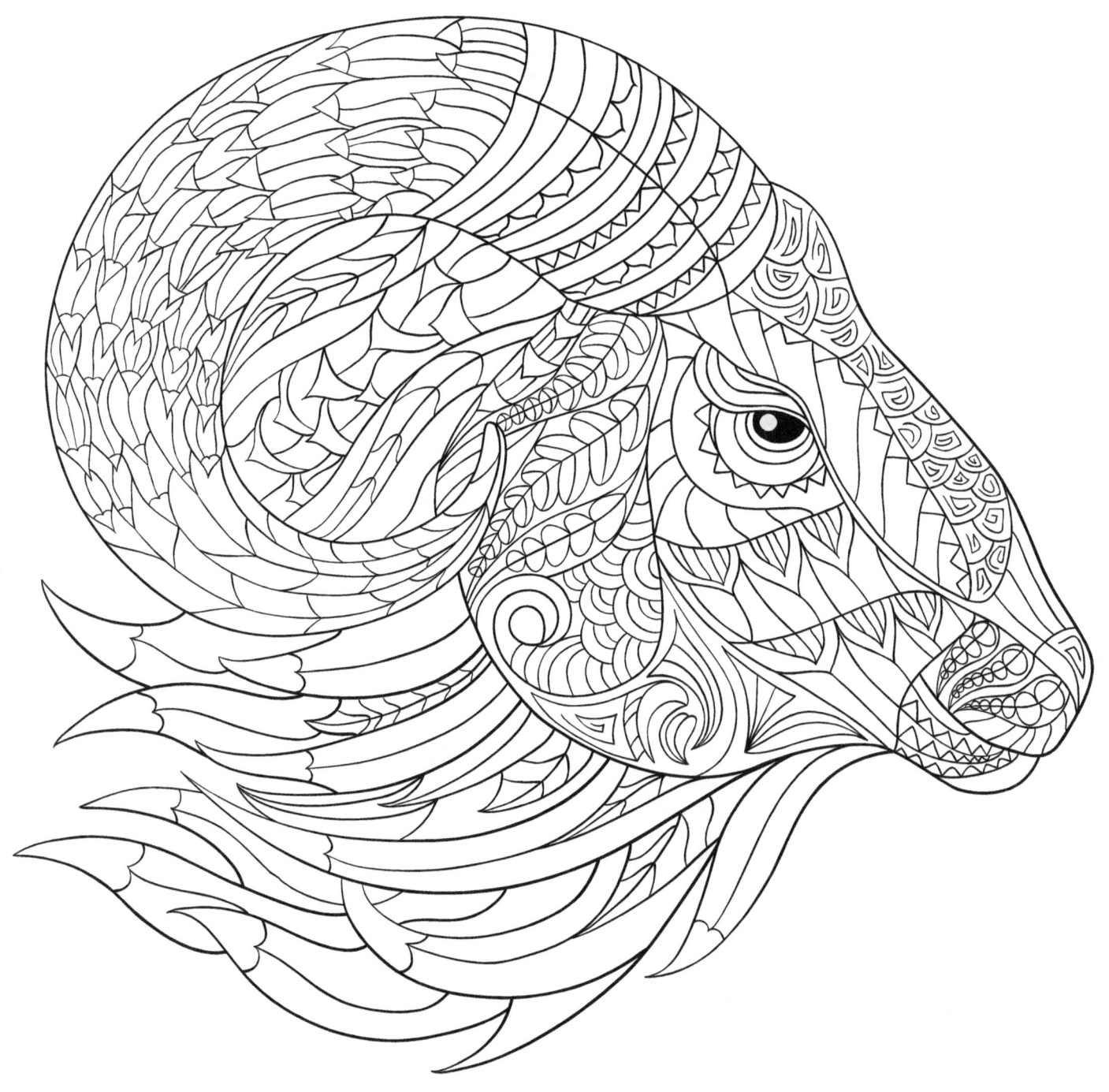

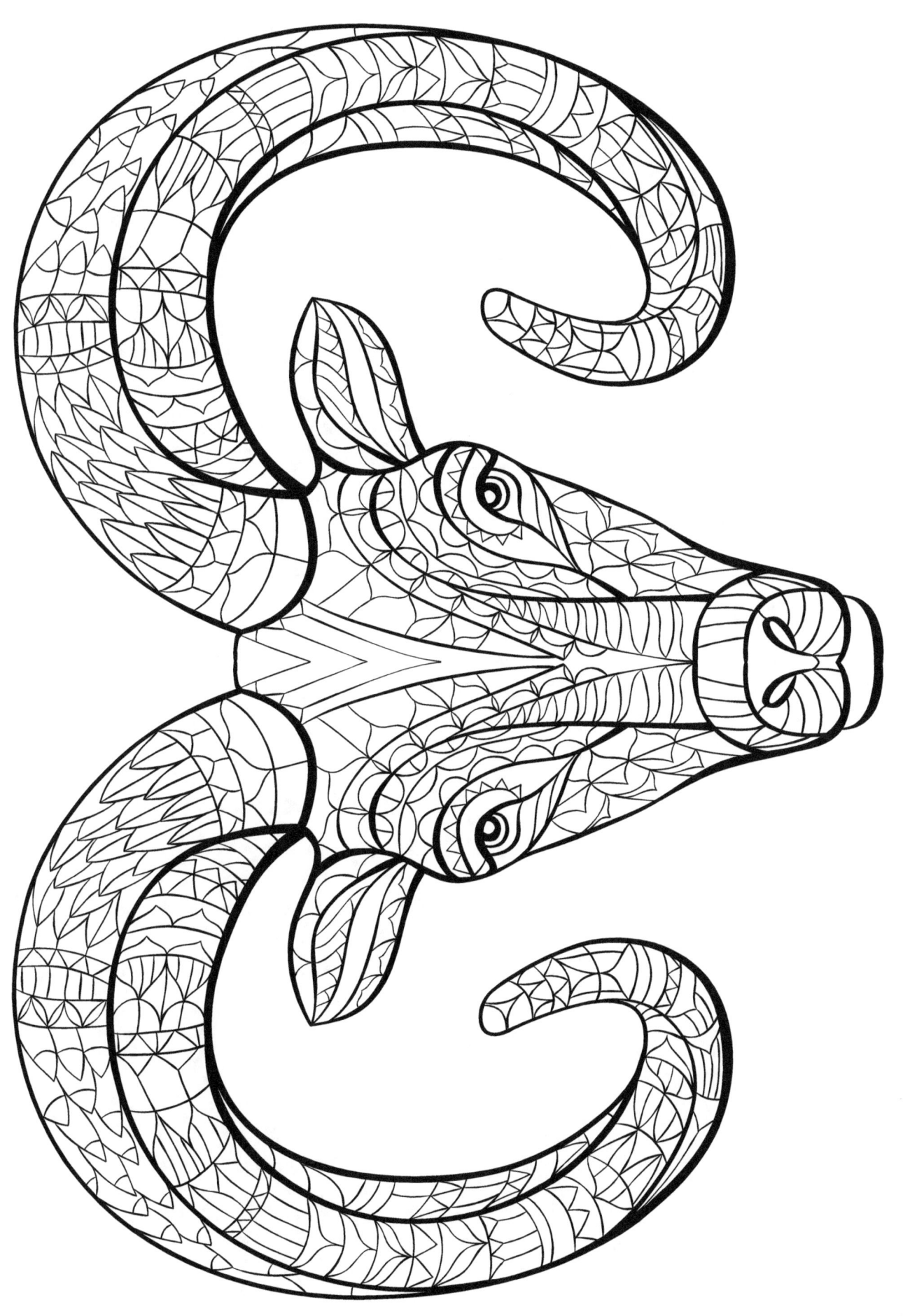

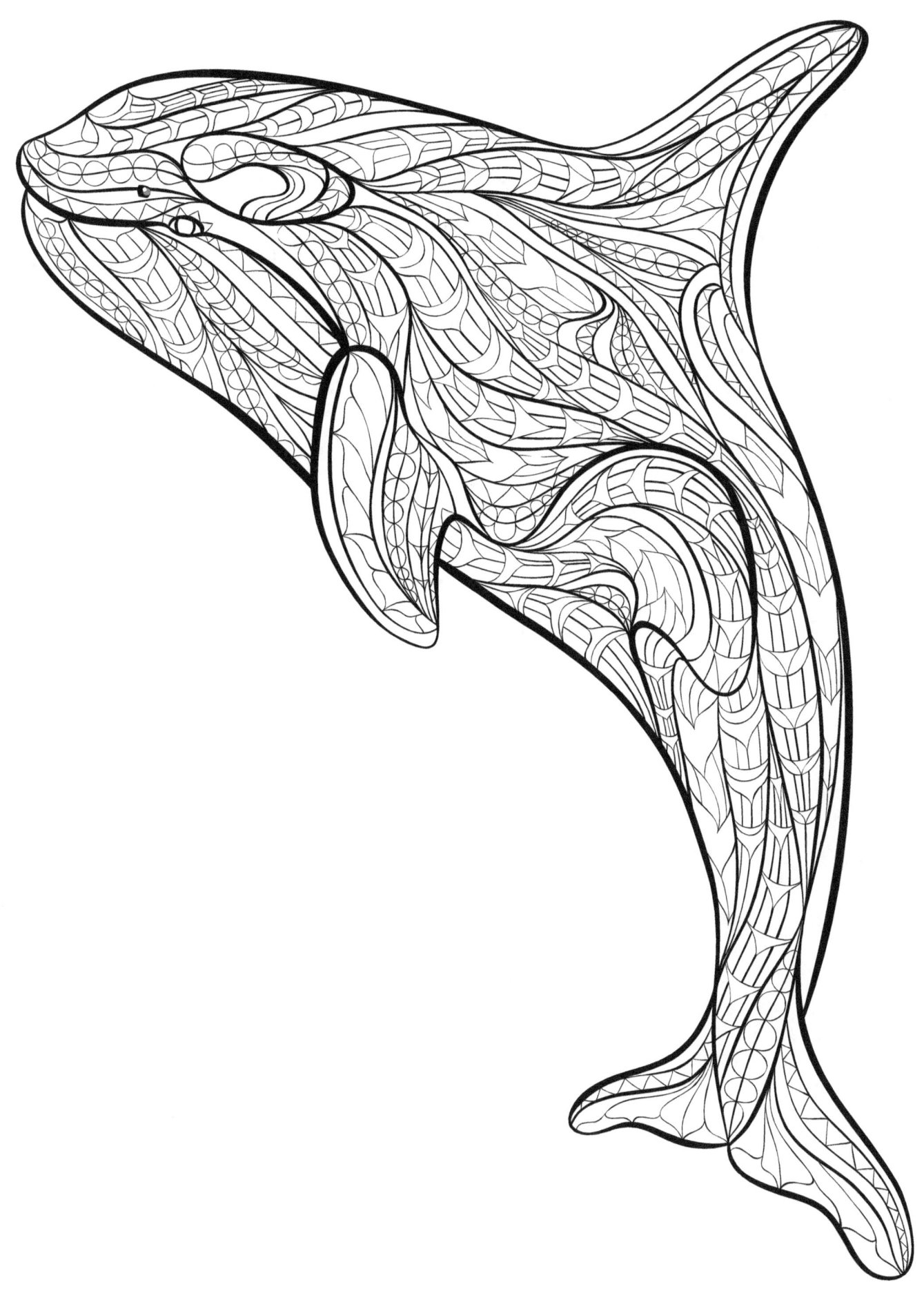

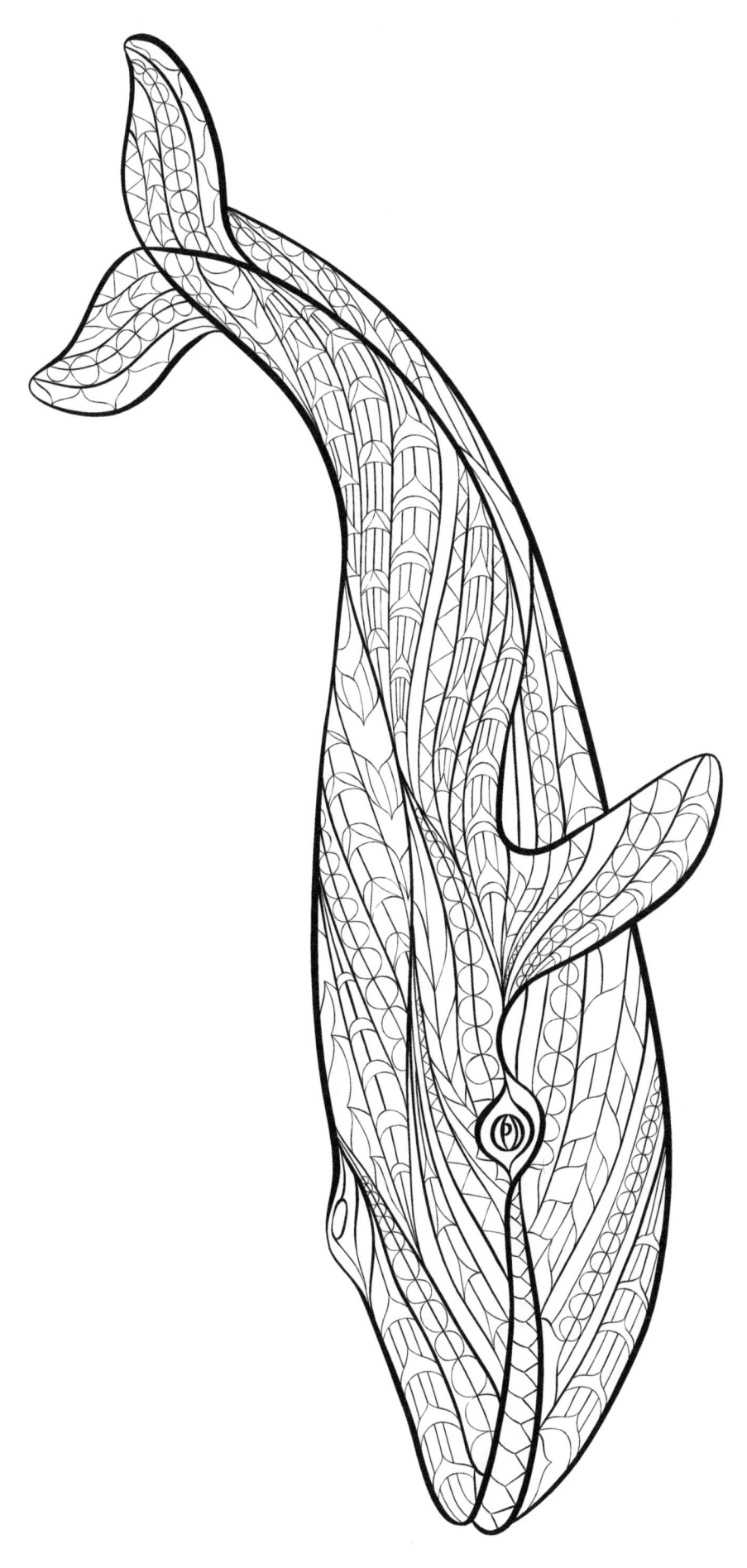

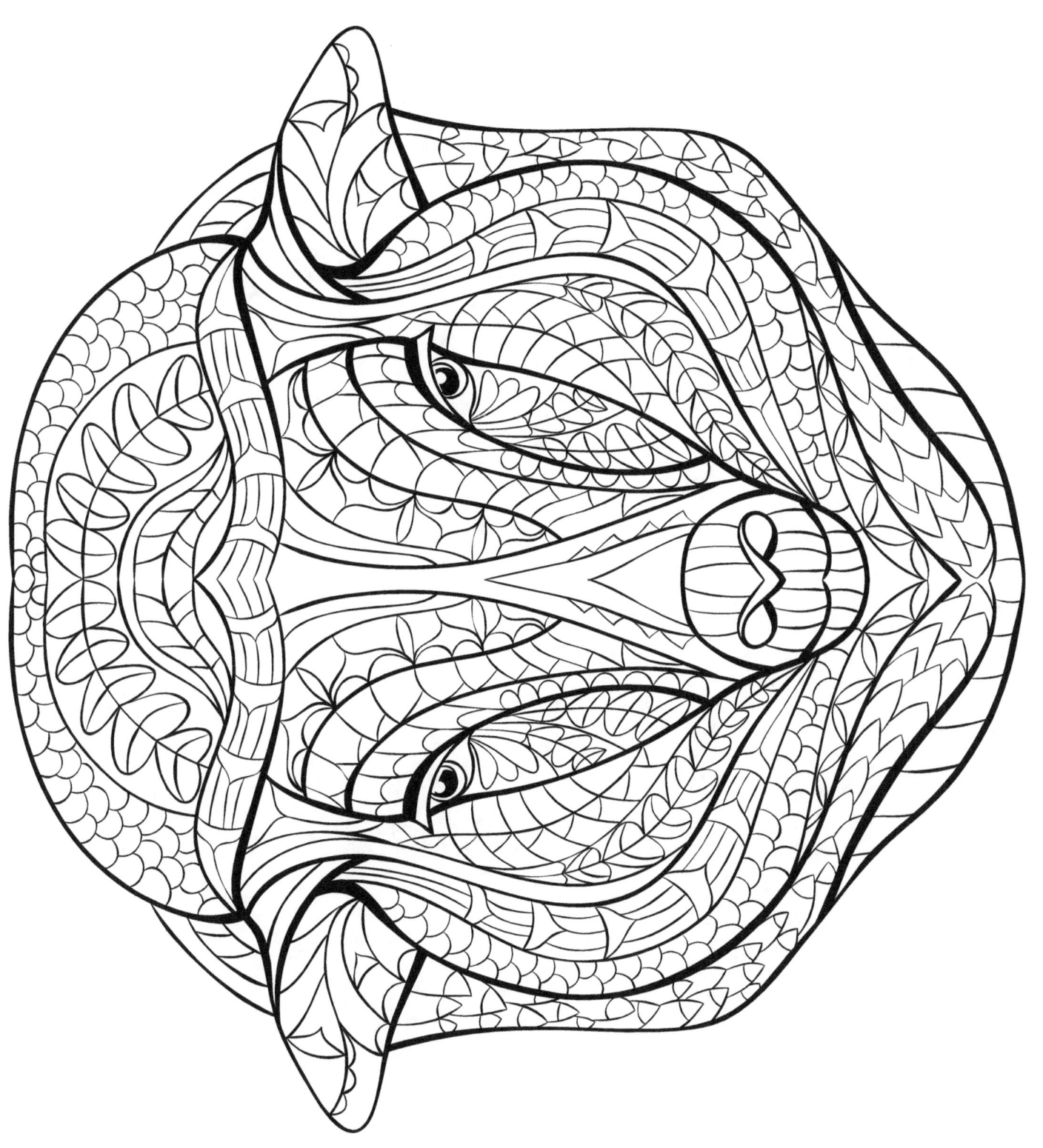

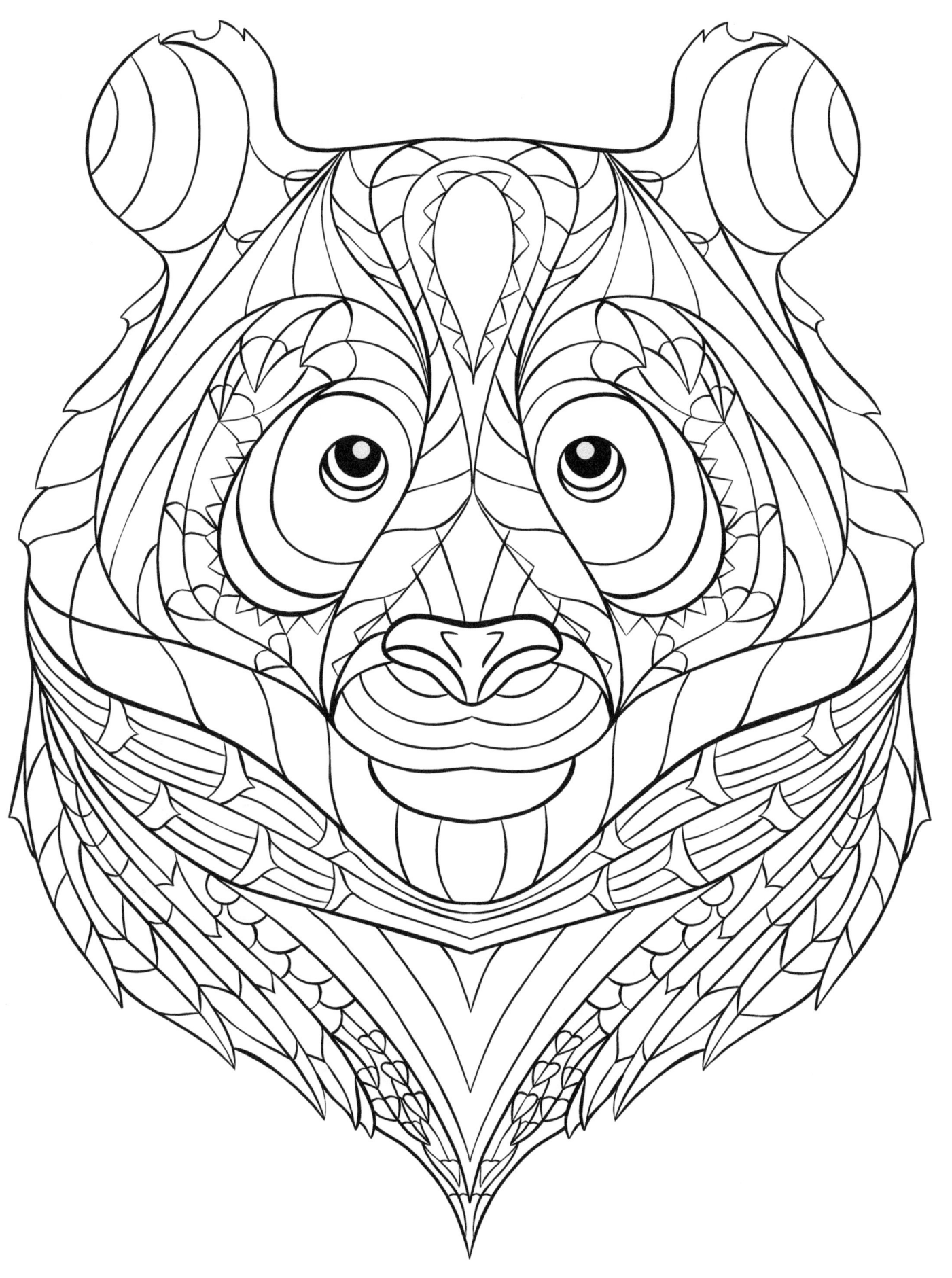

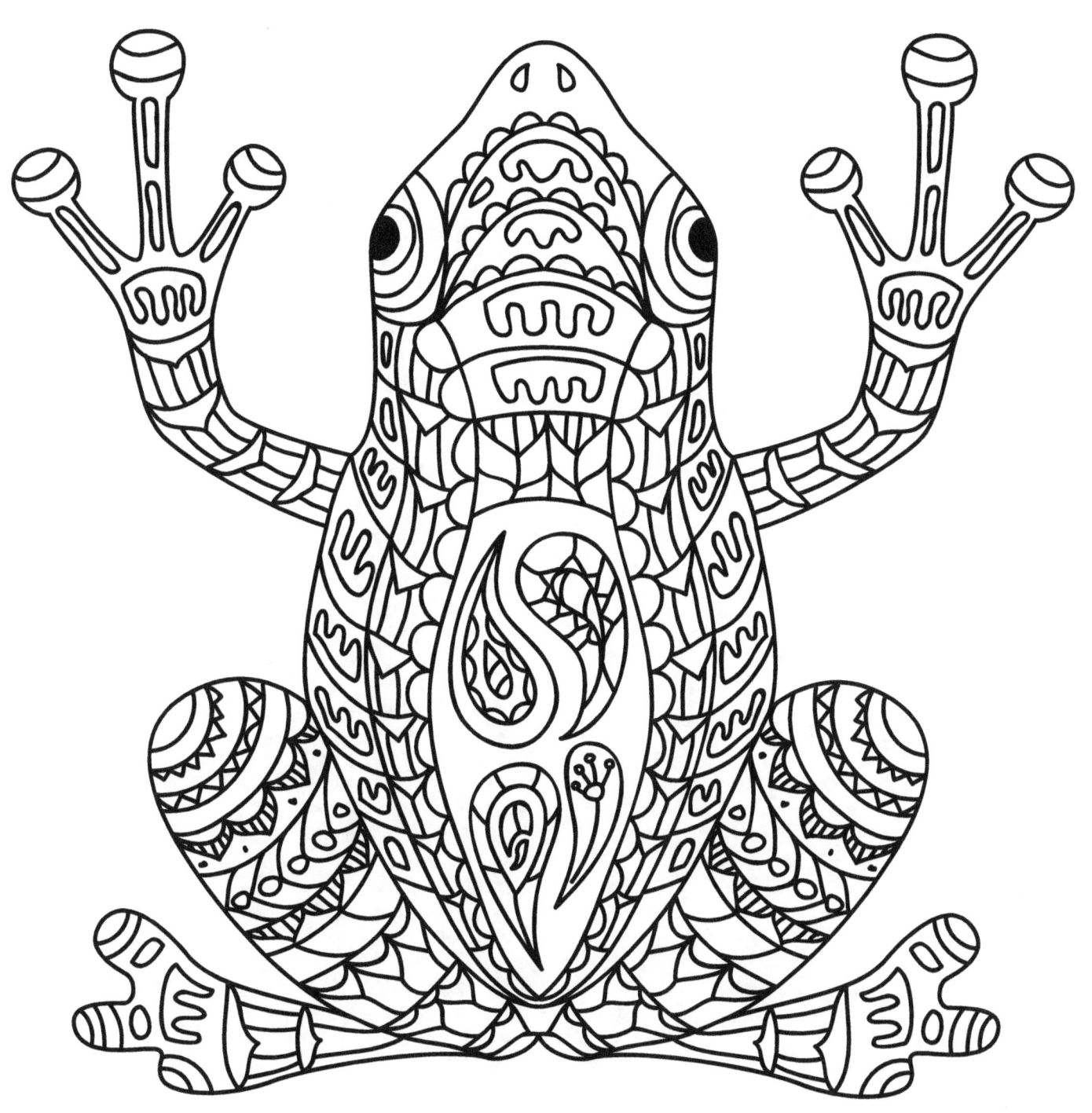

www.ingramcontent.com/pod-product-compliance
Lightning Source LLC
Chambersburg PA
CBHW080540190526

45169CB00007B/2579